> 용기를 북돋아 주며 목표를 향해 나아가자

자존감 높이기

저자 | 기쿠치 노리코·이케다 아키코

루덴스미디어

시작하며

여러분, 안녕하세요. 이 책을 선택해 주셔서 감사합니다.

'아들러 심리학'. 어딘가에서 들어 본 적이 있는 심리학자 이름이지요. '심리학'이라고 하면, 어려운 것이 쓰인 책처럼 느껴질 수도 있습니다만, 그렇지도 않습니다. 아들러 심리학은 이 분야에서 가장 우리와 친숙하고 '과연, 그렇구나.'라고 생각하게 만드는 심리학입니다. 다른 심리학은 철학적이거나 머리로는 이해할 수 있어도 실생활에 적용하기는 쉽지 않은 경우가 많습니다만, 아들러 심리학은 사람이 자기 자신을, 그리고 타인과의 인간관계를 바꾸는 데 가장 적절한 스킬을 소개합니다.

❶ 아들러 심리학을 이해한다
❷ 아들러 심리학으로 할 수 있다
❸ 아들러 심리학이 익숙해진다

❶의 '아들러 심리학을 이해한다'란, 아들러 심리학의 사고법을 이해하게 되는 것입니다. '아들러 선생님의 가르침'과 '칼럼'을 통해 아들러 심리학이 이런 것이구나, 하고 이해할 수 있게 됩니다.
❷의 '아들러 심리학으로 할 수 있다'는, 자기 자신과 친구가 함께 오른쪽 페이지의 도전을 통해, 아들러 심리학의 사고법과 스킬을 생활 속에서 살릴 수 있도록 하는 것입니다. 점차, 매일매일 만나게 되는 과제에 용기를 가지고 맞서는 것이 가능해지게 됩니다.
❸은 ❶과 ❷를 통해 이해와 실천을 쌓아 '아들러 심리학이 익숙해지는 단계'입니다.
스킬뿐만 아니라, 여러분에게 용기와 자신감이 생기게 될 것입니다.

아들러 심리학은 알프레드 아들러라는 의사가 만든 심리학입니다. 아들러 선생님은 정신과 의사로 일하면서, 사람과 사람의 관계에 주목했습니다. 사람의 관계 속에서 어떻게 살아가면 행복해질 수 있는지를 제시한 심리학자이기도 합니다. 그렇기 때문에 인간관계에 가장 적합한 심리학자로 불립니다.

이 책으로 배운 아들러 심리학의 포인트가 어린이들이 안고 있는 다양한 문제를 헤쳐 나가는 데 도움이 되길 바랍니다.

2018년 6월 저자를 대표해서
이와이 토시노리

차례

시작하며 ……3

제1장　자신의 생각을 이해하기

1 다른 사람의 시각으로 바라보기……8
2 친구가 어떻게 생각하는지 관심 갖기……10
3 목적 알기……12
4 어른들이 여러분을 혼내는 '목적'을 생각해 보기……14
5 '하려고' 해도 '할 수 없어'……16
6 결정한 건 누구?……18
7 화를 조절하기……20
8 '화'의 목적 알기……22
9 상대방에게 공감하기……24
[칼럼 1] 자신과 상대방을 소중히 하기……26

제2장　훌륭한 듣기·말하기

10 경청하는 사람이 되자……28
11 경청의 달인이 되자……30
12 다른 사람에게 부탁할 때……32
13 아무도 상처받지 않게 부탁을 거절하자……34
14 명령과 부탁의 차이……36
15 자신의 생각을 전하는 방법……38
16 자신의 기분을 전해 보자……40
17 '내 메시지'를 만들어 보자……42
18 꺼내기 힘든 말을 전하는 법……44
[칼럼 2] 함께 자라는 존경·신뢰의 관계……46

제3장　문제가 일어났을 때

19 친구와 싸웠을 때……48
20 누구의 과제인지 생각하기……50
21 공동의 과제로 바꾸기……52
22 권리와 책임……54
23 자신이 없을 때……56
24 잘 풀리지 않을 때……58
25 좋아하는 사람·어려운 사람·사랑받고 싶은 사람……60

26 누가 간섭했을 때……62
27 친구가 기운이 없어 보일 때……64
[칼럼 3] 리소스를 찾아보자!……66

제4장 자신과 타인에게 용기를 북돋아 주기

28 단점을 장점으로 바꿔 말해 보자……68
29 악마의 속삭임……70
30 천사의 속삭임……72
31 위기는 찬스……74
32 실패는 실패가 아니다……76
33 고맙다고 말하자……78
34 지적이 아닌 칭찬을 해 보자……80
35 자신에게 칭찬을 해 보자……82
36 칭찬보다 용기를 북돋아 주자……84
[칼럼 4] 지금 여기를 살아간다……86

제5장 자신이 세상에 도움이 되는 사람이라고 생각하기 위해서

37 자신을 좋아해 보자……88
38 연결되어 있는 감각……90
39 용기를 주는 존재가 되자……92
40 용기를 얻은 경험……94
41 감사하는 마음……96
42 용기를 내자……98
43 자신을 신뢰하자……100
44 상호 존경과 상호 신뢰……102
45 자신을 굳게 믿자!……104
가나다순 리프레이밍 사전……106

참고 서적……108
마치며……109
저자 소개……111

알프레드 아들러
Alfred Adler (1870~1937년)

오스트리아 출신의 정신과 의사이자 심리학자. 원래 정신과 의사였지만, 제1차 세계 대전 이후 교육 분야에도 힘을 쏟아 빈에 첫 아동 상담소를 설립했다.
또한 교육, 의학, 심리학, 복지 사업 등을 통해, 어린이들의 정신적인 건강을 위해 혁신적인 생각을 가진 심리학자로 알려지게 되었다. 여러 활동을 하면서, 부모와 교사를 포함한 많은 비전문가의 청중을 대상으로 정신 의학과 심리학 지식을 전파했다.

■ **아들러 심리학이 교육에 도움이 된 4가지 포인트**

1. 민주적인 교육관. 자유가 가장 이상적이지만, 다른 사람의 권리와 책임도 소중히 하는 자세.
2. 과거 지향의 '원인론'이 아닌, '인간의 행동에는 목적이 있다'라고 하는 미래 지향의 심리학.
3. 곤란한 일을 극복할 수 있는 활력이 되는 '용기를 북돋우는 것'을 중요시 여긴다. 그래서 상대방과의 상호 존경, 상호 신뢰가 반드시 필요하다. '칭찬하는 것'(평가적인 태도)과는 다르다.
4. 반(class)과 집단에 대한 소속감·공감·신뢰감·공헌감을 정리한 '공동체 감각'의 육성. 경쟁적인 대인 관계가 아닌 협력적인 인간관계를 목표로 한다.

제1장
자신의 생각을 이해하기

1 다른 사람의 시각으로 바라보기

두 개의 그림이 어떻게 보이나요? ❶번 그림은 처음 봤을 때 어떻게 보였나요? 가만히 보고 있으면 다른 것도 보일 거예요.
❷번 그림은 어떨까요? 이 두 사람은 어떤 분위기에서 어떤 이야기를 하는 것처럼 보이나요?
두 개의 그림이 어떻게 보이는지 친구와 함께 이야기해 봐요.

우리는 평소에 사물을 볼 때 자신의 마음의 안경에 맞춰 보는 습관이 있어요. 같은 그림을 보고도 사람에 따라 해석이 다른 것은, 성격과 생활 방식의 차이 때문일 수 있습니다.
예를 들어, 반장인 민준이는 같은 반 친구들 사이에선 야무진 아이(같은 반 친구들의 해석)지만, 부모님이 봤을 땐 반항적이고 미덥지 못한 아이(부모님의 해석)로, 할머니에겐 귀엽고 솔직한 손자(할머니의 해석)로 여겨질지도 모릅니다. 사람에 따라 모두 시각이 다른 거예요.

【모두 다른 시각을 가지고 있어요.】

아들러 심리학에서는, 사람마다 사물을 바라보는 시각이 다르다는 것을 중요시합니다. 당연한 것 같지만, '자신이 자신을 어떻게 보는지', '다른 사람이 자신을 어떻게 보는지', '다른 사람이라면 이 문제를 어떻게 생각할지' 생각하는 것은, *자기중심성에서 빠져나오는 것과 연결되어 있습니다.

*자기중심성……타인에 대한 관심이 적고, 자기중심적으로 세계를 보고 행동하는 것.

시점을 바꿔서, 생각해 봅시다. 다음 글에 이어질 말을 생각해 봅시다.
다 쓴 후에 친구와 어떻게 썼는지 함께 이야기해 봅시다.

1 성적이 우수한 아이. 하지만 엄마가 보기에는…….

_____

_____

2 시험에서 평균점도 받지 못했어요. 제대로 수업도 들었는데.
하지만, 1년 전의 자신이 이 시험 문제를 봤다면…….

_____

_____

제1장 자신의 생각을 이해하기

2 친구가 어떻게 생각하는지 관심 갖기

학교 클럽 활동으로 회의를 하고 있어요. 하지만 모두 열심히 참여하지 않는 것처럼 보이네요. 여러분이 '참을 수 없다'고 생각하는 행동은 무엇인가요?
A~E의 행동 중 참을 수 없는 순으로 순위를 매기고, 그 이유를 친구들과 이야기해 봐요.

【참을 수 없는 행동 순】

A 스마트폰을 보고 있는 여자아이   (위)
B 수다를 멈추지 않는 두 사람   (위)
C 웃기려고 장난만 치는 부반장   (위)
D 자신의 생각을 억지로 통과시키려고 하는 반장   (위)
E 자고 있는 남자아이   (위)

【생각은 일치시키는 것이 아니에요.】

친구와 좋은 관계를 만들기 위해서 중요한 것은 생각과 결론을 일치시키는 것이 아니라, 서로의 시각과 생각에 관심을 가지는 것입니다. 그렇게 되기 위해서는 함께 이야기 나누는 게 필요해요. 사물을 보는 자신의 시각이 전부가 아니라는 사실을 아는 것과 다른 사람의 생각을 아는 것이, 스스로 문제를 생각하는 데 도움이 될 거예요.

1 10페이지에서 내가 매긴 순위와 친구가 매긴 순위를 아래 표에 써 봅시다. 왜 그렇게 순위를 매겼는지 물어봐요.

	나	친구	친구	친구	친구
1위					
2위					
3위					
4위					
5위					

2 순위를 매긴 이유 중 재미있다고 생각한 것을 메모해 봐요.

예) 내 생각과 완전히 다른 의견이 있었다. ○○와 같은 순위였지만, 이유가 나와 달라서 '그럴 수도 있구나.'라고 생각했다.

- _____
- _____

제1장 자신의 생각을 이해하기

3 목적 알기

공부하지 않으면 안 된다는 걸 알면서도, 항상 의욕이 나는 건 아니에요. '무엇을 위해 공부하는 거지?' 하고 생각하면 뭐가 뭔지 알 수 없게 되어서, 의욕이 나지 않을 때도 있어요. 이건 도대체 마음의 어떤 작용일까요?

목적을 알고 있어도 의욕이 나지 않거나, 목적을 몰라서 의욕이 나지 않을 때가 있어요. 양쪽 다 목적이 행동을 좌우하고 있는 것 같아요. 목적을 알고 그것을 실현하기 위해 행동하면 좋겠지만, '의욕이 나지 않는 건 왜일까?' 하고 생각하고 있어요. '생각하는' 동안, 실제로는 '행동하지 않고' 있지요. 결국, '행동하기 싫다'는 목적이 있어서 의욕이 없는 상태를 스스로 만들고 있다고도 할 수 있어요.

【인간의 행동은 목적을 향하고 있어요.】

사람은 누구나 '목적에 따라' 살고 있어요. 자신에겐 꿈도 없고, 목적도 없다고 생각하는 사람에게도 그렇게 생각하는 목적이 있다고 아들러 심리학에서는 생각합니다. 틀린 목적이라면 수정하는 게 살아가기 쉬울 테고, 방법이 잘못되었다면 방법을 바꾸는 것도 가능해요.

1 여러분이 '의욕이 안 나네.'라고 생각한 일은 무엇인가요?

예) 매일 축구 드리블 연습을 한다.

· _____
· _____

2 그 이유는 뭐라고 생각하나요? (이유)

예) 좀처럼 결과가 나질 않는다. 귀찮다.

· _____
· _____

3 그럼, 여러분은 무엇을 위해 그것을 '하지 않는 것'일까요? (목적)

예) 하지 않으면 잘하지 못해도 어쩔 수 없다고 생각하니까. 나를 지키기 위해.

· _____
· _____

제1장 자신의 생각을 이해하기

어른들이 여러분을 혼내는 '목적'을 생각해 보기

혼난 적이 없는 사람은 없을 거예요. 혼나면 기분이 좋지 않은 걸 알 텐데, 왜 어른들은 혼내는 걸까요?

여러분이 혼났을 때를 떠올려 보세요. 그리고 그때 상대방은 어떤 목적으로 혼냈는지를 생각해 보세요.

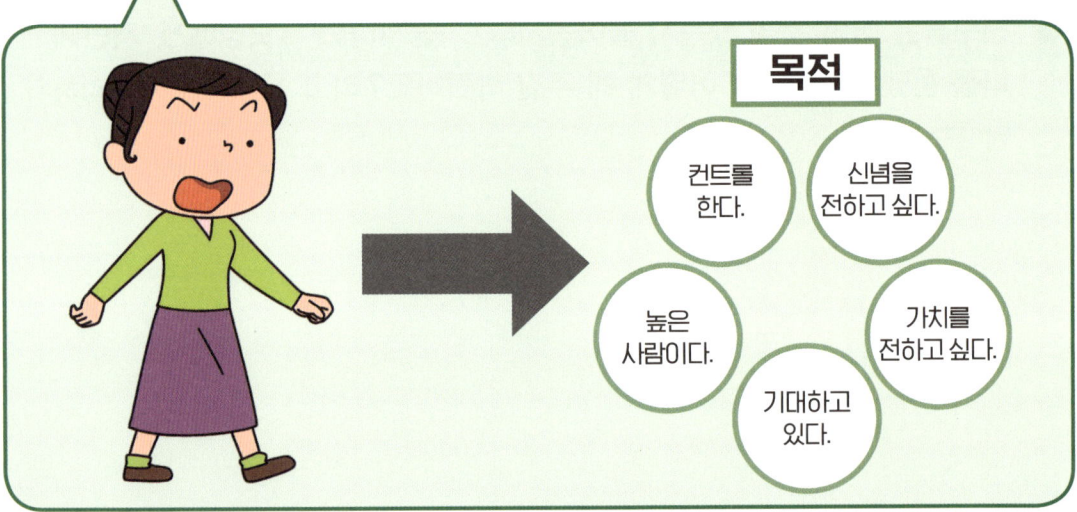

【'왜'가 아니라 '목적'을 생각해요.】

혼났을 때, 상대방의 말에만 주목하면 그 말을 받아들이기 어렵지요. 상대가 왜 그렇게 말했는지가 아니라, 여러분이 어떻게 하길 바라기 때문에 그렇게 말했는지 그 목적을 생각해 봐요. 그러면 이해할 수 있는 부분이 생기거나, 화가 날 정도는 아니라는 걸 알게 될 거예요.

여러분의 화를 파헤쳐 봅시다.

1 여러분이 친구나 부모님, 형제에게 감정적으로 화냈던 것은 언제인가요?

- _____
- _____

2 여러분이 화낸 목적은 무엇이었을까요? 상대방이 어떻게 하길 바랐나요?

예) 내 방식을 믿어 주길 바랐다.

- _____
- _____

3 친구들은 어떤 것을 썼는지 물어봅시다. 가능하다면 부모님에게 '저번에 나를 혼냈을 때, 내가 어떻게 해 주길 바랐어요?'라고 물어봅시다(무리하지 않아도 돼요).

5 '하려고' 해도 '할 수 없어'

공부 중엔 게임이나 만화 보는 것을 하지 않기로 다짐했는데, 눈앞에 있으면 그만 보고 말아요.
게임을 클리어하고 나서 숙제를 하려고 했지만, 좀처럼 시작할 수 없어요. 다음 날 아침, 오늘은 꼭 아침 일찍 일어나려고 했지만, 좀처럼 일어날 수 없어요.

'머리로는 알고 있지만 마음이 내키지 않아.' '그만두려고 했는데 무심코 손이 나가 버려.' 등, 해야지 하고 생각해도 행동이 따라 주지 않을 때가 있어요. 하지만 여러분의 몸도 마음도 하나입니다. 자신의 마음속에 다른 사람이 있지는 않아요. 사람은 누구나, 언제나 스스로 자신의 행동을 정합니다. '할 수 없다'고 생각하는 것은 '하지 않아'라고 스스로 정한 것이고, 할 수 없는 이유를 찾고 있는 것뿐일지도 모릅니다.

【인생의 거짓말】

본래 자기 책임인 것에 대해서 '나로선 어떻게 할 수가 없어.'라고 생각하고, 주변의 사람이나 환경에 책임을 돌리는 것을 '인생의 거짓말'이라고 부릅니다. 같은 상황에서도 가능한 사람이 있거나, 실제로 해 보지도 않고 '할 수 없다'고 단정 짓는 행동이 대표적입니다. '하자', '할 수 없어'를 정하는 건 자기 자신이에요.

1 '하려고' 했는데 좀처럼 '할 수 없는 것'은 무엇인가요?

예) 시험공부를 2주 전부터 하는 것.

· _____

· _____

2 그것을 '할 수 없어', 즉 '하지 않는' 이유는 무엇인가요?

예) 아직 여유가 있으니까 괜찮다고 생각했다.

· _____

· _____

3 스스로 정한 것이지만, '하지 않아서' 기분이 좋았나요?
○를 쳐 봅시다.

좋았다 · 다음부터 다른 방법을 생각하기로 했다 · 그 외

6 결정한 건 누구?

게임에 빠져서 밤이 깊어지고 말았어요. 내일은 아침 일찍 일어나야 하는데, 이대론 일찍 일어나지 못할 것 같아요.
게임은 재미있어서 도중에 끊을 수가 없어요.
대체 어째서 이런 일이 일어나 버리고 마는 걸까요?

자기 전에 게임을 하겠다고 결정한 건 자기 자신이에요. '내일은 아침 연습이 있으니까 안 하고 자야지.'라고 결정하는 것도 가능했을 거예요.
우리는 눈앞의 사건이나 자신의 욕구에 휩쓸리는 약한 존재가 아니에요. 스스로 오늘이나 내일 좋은 일을 하고 싶다는 목적이 있다면, 스스로 지금의 행동을 정하는 것도 가능합니다. 그리고 인생은 다른 누구의 것도 아닌, 내 것이라고 큰소리로 선언해 봅시다!

【누구나 목적을 향해 나아가는 강한 존재】

스스로 자신의 행동을 정할 때 중요한 것은, 그 결단이 자신의 인생에 플러스가 되는지 아닌지 판단하는 것입니다. 게다가 그것이 내 주변이나 사회 전체에도 플러스가 되는지, 생각의 기준을 갖는 것이 필요합니다. 좋고 나쁨, 좋아하고 싫어하고를 떠나, 상황이나 다른 무언가의 탓을 하는 것이 아니라, 자신의 인생과 세계에 좋은 방향으로 나아가 봐요.

1 어떤 것 때문에 일이 틀어졌던 적이 있나요?

예) 밤에 보고 싶은 방송을 보고 말았다. 그래서 늦잠을 자서 지각했다.

- _____
- _____

2 **1**에서, 자신이 놓인 상황(원인) 중에, 뭔가 좋은 점은 없었는지 찾아봅시다.

예) 보고 싶은 방송을 봐서 만족했다.

- _____
- _____

3 보다 좋은 결과를 얻기 위해 바꿀 수 있는 행동이 있나요?

예) 아침에 늦잠 자지 않도록, 방송을 녹화해 두고 다른 날에 본다.

- _____
- _____

제1장 자신의 생각을 이해하기

7 화를 조절하기

같은 축구팀 친구와 축구화를 사기로 약속했어요. 가게 앞에서 아무리 기다려도 친구는 오지 않았어요. 안달이 나서 전화했더니 "까먹었어. 지금 갈게."라고 해 놓고 좀처럼 오질 않아요. 한참 뒤 친구가 왔지만, 사과도 없는 친구에게 열이 받아서 화를 내 버리고 말았어요.

'화'는 친구와 좋은 관계를 만들고자 했다면 마이너스인 감정입니다. 가능하면 이 '화'를 내지 않고 문제를 해결하고 싶겠지요.
처음에는 '기대', '외로움', '슬픔', '걱정' 등의 감정이 일어나고, 그것이 해결되지 않으면 '화'가 생겨나는 것으로 알려져 있습니다.
기대하고 있던 약속을 잊어버린 것 때문에, 자신의 감정을 부정당한 것이 화가 된 거예요.

【감정 '사용하기'】

아들러 심리학에서는 감정은 '목적에 맞춰 스스로 만들어 내고, 사용하는 것'이라고 생각합니다. 목적을 의식할 수 있다면, 감정적으로 행동할지 말지 스스로 컨트롤하는 것이 가능합니다.

화는 어떻게 사용하는 것인지 생각해 봅시다.

1 화의 토대가 되는 다른 감정에는 '불안', '낙담', '초조함', '분함', '마음의 상처' 등 여러 가지가 있어요. 그림의 오른쪽 아이가 고함을 질렀을 때, 어떤 기분이었을지 생각해 봅시다.

	기분
	기분
	기분

2 화라는 감정을 사용하지 않고 친구에게 마음을 전하려고 할 때, 여러분이라면 뭐라고 할 것 같나요? 목적에 대해서도 의식하며 생각해 봅시다.

_____

_____

3 주인공 역·친구 역을 정해서 ①화를 터뜨린다 ② **2**에 쓴 대사를 읽는다, 이 두 가지 롤 플레이(대사를 읽으며 역할을 연기해 보기)를 해 봅시다.
①과 ②에서 각각 다른 감각을 느낄 수 있을 거예요.

8 '화'의 목적 알기

'화'의 토대에는 다른 감정이 숨겨져 있어요.

'화'를 사용하는 목적에는 4가지가 있어요. 20페이지에서 그림의 남자아이가 고함을 친 목적은 어느 것일까요?

1. 상대를 지배하기 위해서

2. 상대에게 주도권을 뺏기 위해서

3. 자신의 권리를 지키기 위해서

4. 정의감을 나타내기 위해서

정답은 한 가지가 아닙니다. 화난 사람의 마음을 다양하게 짐작할 수 있어요.

【감정은 지배되는 것이 아니고 사용하는 것】

화나 슬픔 등의 감정은, 스스로 컨트롤할 수 없다고 생각하는 사람도 있습니다. 하지만 아들러 심리학에서는 인생의 주인공은 자신이고 감정은 자신이 어떠한 일을 통해서 느끼는 것, 그것을 어떻게 사용할지는 스스로 정할 수 있는 것이라고 생각합니다. 이런 생각을 가지고 행동하면, 스스로 자신의 인생을 결정해 나갈 수 있다는 것을 실감할 수 있을 거예요.

'화'의 목적을 알고 전해 봅시다.

1 최근에 있었던 화가 난 일에 대해 친구와 이야기해 봅시다.

2 **1**에서 여러분이 화가 난 목적은 보기 중 어느 것이었을까요?

❶ 상대를 지배하기 위해서

❷ 상대에게 주도권을 뺏기 위해서

❸ 자신의 권리를 지키기 위해서

❹ 정의감을 나타내기 위해서

3 화를 사용하지 않고 마음을 전하려면 어떤 말을 쓰는 것이 좋을까요?

예) "정말 오지 않을까 봐 외로워졌어." "무슨 일이 생긴 건가 걱정했어."

9 상대방에게 공감하기

좋아하는 남자아이에게 차인 친구. 언제나 활기찬 아이였는데 역시 오늘은 기분이 무척 울적해 보이네요.
친구의 마음을 달래려고 시시콜콜한 수다를 떨었더니 조금 기분이 나아졌다고 생각했는데 친구가 갑자기 울어 버렸어요. 이럴 때 어떻게 하면 좋을까요?

좋은 일도 나쁜 일도 나누는 것이 우정이라고 하지요. 좋은 일을 나누는 것은 좋지만, 나쁜 일을 나누는 것은 솔직히 좋진 않아요. 그렇게 생각하는 것도 무리는 아닙니다. 하지만, 여러분이 우울해져 있을 때, 친구가 위로해 주면 기쁘겠지요.
친구의 마음을 감지하고 상대방의 기분을 이해하는 것을 '공감'이라고 합니다. 친구의 표정과 행동에 주목하는 것은 물론이고, 이야기를 잘 들어 주는 것만으로도, 상대방에 대한 이해가 깊어지고 공감하기도 쉬워져요.

【상대방의 입장에서 생각하기】

친구를 자신과 똑같이 소중히 하는 마음이, 서로를 존경·신뢰할 수 있는 관계로 만듭니다. '나라면 어떻게 할까?'라고 생각하는 것이 아니라, '내가 친구인 것처럼' 상대방의 입장에 서서 생각해 봐요. 이런 자세가 필요합니다.

상대방의 기분을 알 수 있는 그룹 활동을 해 봅시다.

1 최근에 있었던 기뻤던 일·싫었던 일 중 하나를 떠올려 봅시다.

2 친구와 3, 4명의 그룹을 만들어서, 어떤 일이 있었는지를 이야기해 봅시다. 듣는 역일 때는, 친구가 그때 어떤 기분이었을지, 지금은 어떤 기분일지 생각해 보고 말해 봅시다. (93페이지의 '감정을 나타내는 단어 리스트'를 참고해 봐요.)

_____

_____

3 해 본 후에 자신의 마음을 누군가 알아주었을 때, 어떻게 느꼈는지 서로 말해 봅시다.

칼럼 1 자신과 상대방을 소중히 하기

사람과 사람과의 관계의 깊은 곳에 있는 것이 존경과 신뢰입니다. 존경과 신뢰는 서로 관계를 쌓아 가면서 키울 수 있습니다.

⊙ 자기 자신을 소중히 하자

다른 사람과 이어진다는 것에는 자신과 타인뿐만이 아니라, 자기 자신과의 관계도 포함됩니다. 노력하는 나, 게으름 피우는 나, 다른 사람과 다른 나, 생각대로 되지 않는 나, 무언가를 느끼는 나, 생각하는 나, 이처럼 다양한 내가 있습니다. 어떤 나도 둘도 없이 소중한 존재입니다. 여러분의 안에는 '어떤 나'가 있을까요?

화가 나거나, 슬퍼지거나, 답답하거나 할 때는 잠깐 한숨을 쉬어 보세요. 그리고 어떤 기분으로, 무엇을 생각하고, 어떤 상황에 있는지, 지금의 나를 느끼고 말로 내뱉어 봐요.

> 예) 짜증이 난다 ⇒ '나는 지금 짜증이 난다. 어쩌면 상대방이 내 마음을 알아주지 않는 것 같아서 분한 걸까?'
> 슬프다 ⇒ '슬프다. 어떻게 하면 좋을지 모르겠어.'

어떠한 자신도 무시하지 말고 소중히 하는 것이 포인트!

⊙ 상대방을 소중히 하자

여러분의 안에는 다른 사람에게 소중히 대해지고 싶다는 마음이 있을 겁니다. 이 생각은 여러분뿐만이 아니고, 다른 사람에게도 있습니다. 우선 여러분부터 먼저 상대방을 소중히 대해 보세요.

상대를 소중히 하는 것은 내 생각과 의견을 참거나 부정하는 것이 아닙니다. 상대방의 이야기를 듣고 공감하는 것이에요.

어떠한 나도, 그리고 상대방도 소중히 하면서 사귀는 것으로 존경·신뢰의 관계는 함께 커 나갈 거예요.

제2장
훌륭한 듣기·말하기

10 경청하는 사람이 되자

"반 친구에게 나쁜 말을 들었어."라며 우는 친구가 있었어요. 이야기를 듣는데 계속 훌쩍거려서 나도 모르게 신경질이 나서, 이야기 도중에 그만 "너도 대꾸하면 됐잖아!"라고 말해 버리고 말았어요. 그러자 친구는 "조금도 알아주지 않아!"라고 화를 내 버렸어요!

친구와 좋은 관계를 만들기 위해서는 친구가 이야기하는 것을 눈과 귀와 마음을 기울여 듣는 것이 중요해요. 친구가 어떤 말을 여러분에게 전하고 싶은지 생각하면서 조용히 이야기를 들어 보세요.
이런 식으로 듣다 보면, 친구도 자기에 대해 알아주었다고 느끼고 안심할 거예요. 이러한 듣는 법을 '훌륭한 듣기'라고 합니다.

【용기를 낳는 훌륭한 듣기】

슬플 때나 분할 때, 누군가 내 이야기를 들어 줬으면 하는 때가 있을 거예요. 그럴 때 누군가 위로해 주거나 해결책을 조언해 주거나 하는 것보다, 옆에서 마지막까지 들어 주는 게 가장 안심이 되지요. 누군가 자기를 알아주었다는 걸 느끼게 되면, 사람은 문제를 해결하려고 하는 용기가 생겨납니다.

친구가 나쁜 말을 들었다며, 울면서 여러분에게 이야기하자고 했어요. 다음의 4가지 대응을 해 봅시다. 2명이 한 조가 되어 역할을 정하고 교대로 롤 플레이를 해 봅시다. 어떤 대응을 해 주었을 때 안심이 되었나요? 감상을 적어 봅시다. 친구의 감상도 들어 보세요.

나쁜 말을 들었어…….

❶ 같이 운다.

❷ 이야기 도중에 말을 끊고 조언한다.

❸ 아무 말도 하지 않고 조용히 듣는다.

❹ '응, 응.' 등 맞장구를 치면서 듣는다.

감상

_____

_____

11 경청의 달인이 되자

[경청의 달인이 되는 7가지 비법]

1. 맞장구를 치자

가만히 이야기를 듣는 것이 아니라, 말이 끝날 때마다 '응, 응', '아~', '그래서?' 등 맞장구를 치는 거예요. 약간의 맞장구는 이야기를 제대로 듣고 있다는 사인이 됩니다.

2. 상대방의 말을 반복하자

상대방이 "너무 분했어."라고 말하면, "분했겠구나", "분했어?"라고 반복해 보세요.

3. 상대방의 이야기를 끝까지 듣자

도중에 끼어들면 이야기하기 어려워지거나, 말하고 싶은 마음이 사라질 수 있어요. 상대방이 말을 다 끝낼 때까지 끼어들지 않도록 해요.

4. 상대방의 기분도 말해 보자

상대방의 기분을 상상해 보고 '이런 기분일까?' 하고 생각이 들면 "~는 ~라고 생각하는구나." 하고 말해 봐요.

5. 자신의 기분도 말해 보자

"나한테 똑같은 일이 있었다면 나도 분했을 거야." 등과 같이 말해 보세요.

6. 상대방과의 위치를 고심해 보자

옆자리, 맞은편, 조금 떨어진 자리. 사람과 장소·상황에 따라 가장 좋은 위치는 다르기 때문에 서로 이야기하기 쉬운, 듣기 쉬운 위치를 고심해 봐요.

7. 시선을 고심하자

상대방의 얼굴을 보는 게 좋은 경우가 있고, 보지 않는 게 좋은 경우가 있습니다.

【훌륭한 경청은 상대방의 이야기를 끌어내는 것도 잘해요.】

'듣는 기술'을 향상시키기 위해서는 3가지 포인트가 있습니다.
❶ 말하고 싶은 마음을 살짝 참는다.
❷ 상대방이 이야기하는 모습을 관찰한다.
❸ 상대방의 기분을 생각하면서 듣는다.
이 3가지 방법으로, 상대방은 자기를 이해해 주고 있다고 느끼게 돼서 이야기하기 쉬워질 거예요.

1 '경청의 달인이 되는 7가지 비법'에서 여러분이 할 수 있을 것 같은 기술을 골라 봅시다.

2 **1**에서 고른 달인의 기술을 써서 친구의 이야기를 듣는 연습을 해 봅시다. 친구와 역할을 교대하면서 연습해 봅시다. 이야기의 주제는 즐거웠던 일, 슬펐던 일, 분했던 일, 친구에게 전하고 싶은 것부터 골라 봅시다.

3 어떤 기술이 사용하기 쉬웠나요?
친구와 느낀 점을 말해 봅시다. 처음에는 어려울 수도 있지만, 사용하기 쉬운 것부터 사용해 봅시다.

사용한 기술 ☆ ……
사용한 기술 ☆ ……
사용한 기술 ☆ ……

제2장 훌륭한 듣기·말하기

12 다른 사람에게 부탁할 때

 "엄마, 이번 주 주말에 놀이공원에 데려가 주세요."
 "안 돼, 안 돼. 그날은 볼일이 있어."
 "아~, 친구들은 다 갔단 말이에요. 저도 가고 싶어요!"
 "친구들이 다 가진 않았겠지."
 "맨날 다 안 된대. 엄마는 구두쇠!"
 "그런 말 하지 말고 얼른 들어가서 숙제나 해!"

결국, 엄마는 화를 내고 말았네요. 놀이공원에 가족끼리 가자는, 정말로 즐거운 이야기인데 어째서 서로 기분이 나빠지고 말았을까요?
다른 사람에게 부탁할 때에는 규칙이 있습니다. 서연이는 엄마의 상황을 고려하지 않고, 가는 날을 정해 버렸어요. 엄마의 입장에서 보면, 엄마의 일정을 바꾸지 않으면 안 되니까 일방적인 주장을 들은 것이지요.

【상대방의 희망을 들으면서 의뢰하는 스킬】

상대방에게 의뢰할 때는 "나는 ○○해 줬으면 좋겠는데, 어때?"라는 식으로 자신의 희망(주장)을 명확하게 전달하면서 상대방의 상황을 듣는 것이 필요합니다.
일방적으로 자신의 희망(주장)을 밀어붙이거나, 상대방의 희망(주장)을 무시하면 아무도 부탁을 들어주지 않을 거예요.

왼쪽 페이지의 상황을 예로 생각해 봅시다.

1 아래 표는 부탁 방법의 4가지 패턴을 나타냅니다. 서연이의 부탁 방법은 표 ❶~❹ 중 어느 것일까요? (   )

	요구가 통한다	요구를 거절한다
상대방에게 상처를 준다	❶ 공격적인 부탁 방법 상대방에게 상처를 주면서 자신의 요구를 받아들이도록 한다.	❷ 복수적인 부탁 방법 상대방에게 상처를 주는 데다가 자신의 요구도 포기한다.
상대방에게 상처를 주지 않는다	❸ 주장적인 부탁 방법 상대방에게 상처를 주지 않고 자신의 요구가 받아들여진다.	❹ 비주장적인 부탁 방법 상대방에게 상처를 주지 않기 위해 자신의 요구를 포기한다.

2 주장적인 부탁 방법(표 ❸)으로 부탁해 봅시다. 상대방의 사정과 기분을 생각한 후에 "나는 ~하고 싶어."라는 방식으로 말해 봅시다. 그룹별로 모여서 이야기를 나눠 보고 대사를 생각해 봅시다.

_____

_____

3 그룹별로 발표해 봅시다. 다른 그룹의 좋았던 점·참고가 되었던 점을 이야기해 봅시다.

13 아무도 상처받지 않게 부탁을 거절하자

새로운 게임기를 가지고 친구 집에 놀러 갔는데 "내일까지 빌려줘."라는 부탁을 받았어요.
부모님이 얼마 전에 사 주신 거라, 만약 부서지면 어쩌지라는 생각에 빌려주고 싶지 않았어요. 하지만 친구가 나를 싫어하게 될까 봐 "그래."라고 말해 버렸어요.

친구가 나를 싫어하게 될까 봐 빌려주었지만, 실은 후회하고 있군요.
거절하면 친구의 기분이 상하니까 자신이 참기로 했네요.
참을 수 있는 건 대단한 일이지만, 항상 참기만 할 수는 없습니다.
거절하는 방법에는 여러 가지가 있지만, 친구도 자신도 상처받지 않고 여러분의 생각을 전하는 거절 방법을 연습해 보세요.

【주장적으로 거절하기】

여러분의 생각과 기분이 상대방이 바라는 것과 달라서 거절하고 싶을 때는, 자신의 주장(생각이나 기분)을 상대방에게 전해 봅시다. 상대방의 요구도 가능한 한 들어주는 협력적인 방법이 주장적인 거절 방법이에요.

	요구가 통한다	요구를 거절한다
상대방에게 상처를 준다	❶ 공격적인 거절 방법 상대방에게 상처를 주면서 부탁을 거절한다. 자신도 기분이 나빠진다.	❷ 복수적인 거절 방법 상대방에게 상처를 주지만 부탁도 들어준다. 상대방도 자신도 상처받는다.
상대방에게 상처를 주지 않는다	❸ 주장적인 거절 방법 상대방에게 상처를 주지 않고 부탁을 거절한다.	❹ 비주장적인 거절 방법 상대방에게 상처를 주고 싶지 않기 때문에 부탁을 들어주고 만다. 하고 싶지 않아도 하게 된다.

친구와 역할을 정해서 롤 플레이를 해 봅시다. ❶~❹ 중에서 어느 것이 거절하는 사람도 거절당하는 사람도 기분이 좋았는지 감상도 이야기해 봅시다.

게임기, 내일까지 빌려 줘.

❶ 공격적인 거절 방법 — 산 지 얼마 안 됐으니까 안 돼! 너한테 빌려줄 수 없어.

❷ 복수적인 거절 방법 — 마음대로 가져가! 너처럼 뻔뻔한 녀석과는 절교야!

❸ 주장적인 거절 방법 — 산 지 얼마 안 돼서 나도 좀 더 하고 싶어. 미안해. 다음에 올 때 가지고 올 테니까 같이 놀자.

❹ 비주장적인 거절 방법 — 어~, 응, 그래.

14 명령과 부탁의 차이

남동생에게 "게임기 내놔."라고 말했는데 동생이 "싫어."라고 대답해서 싸우고 말았어요. "형은 맨날 명령만 해."라고 말하며 동생이 울었어요.
엄마는 "또 동생을 울렸니? 그러면 안 돼."라며 화를 내셨어요. 게임기를 가지고 놀고 싶었을 뿐, 싸우고 싶었던 게 아닌데.

동생이 갖고 놀던 게임기로 놀고 싶었을 뿐인데 싸움이 돼 버려서 엄마에게 혼났군요. 어떻게 말하면 싸움이 되지 않고 게임기를 빌릴 수 있을까요? 말은 어떻게 하는지에 따라 상대방을 불쾌하게 하거나 기분 좋게 할 수 있습니다. "게임기 내놔."라는 말이 동생에게는 명령하는 것 같아서 싫었을지도 몰라요. 싸움이 되지 않고 빌릴 수 있는 말투를 써 보세요.

【명령 어조와 부탁 어조】

다른 사람에게 무언가를 부탁할 때, 명령 어조와 부탁 어조를 쓸 수 있습니다.
명령 어조로 부탁받으면, 상대방은 NO라고 말하기 어렵기 때문에 반발심을 가지기 쉽습니다.
부탁 어조로 부탁받으면, YES나 NO를 스스로 정할 수 있기 때문에 상대방을 소중히 한다는 기분이 들 거예요.

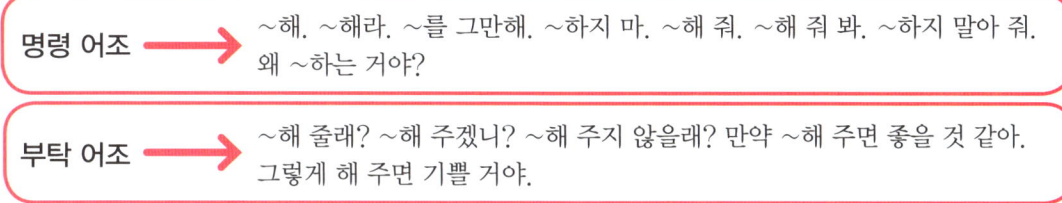

명령 어조 → ~해. ~해라. ~를 그만해. ~하지 마. ~해 줘. ~해 줘 봐. ~하지 말아 줘. 왜 ~하는 거야?

부탁 어조 → ~해 줄래? ~해 주겠니? ~해 주지 않을래? 만약 ~해 주면 좋을 것 같아. 그렇게 해 주면 기쁠 거야.

명령 어조와 부탁 어조를 써서 대사를 생각해 봅시다. 친구와 역할을 정하고 롤 플레이를 해 봅시다.

1 명령 어조를 써서 부탁해 보세요. 그다음 대화도 이어서 만들어 봅시다.

예) 나 "게임기 빌려줘." 친구 "내가 하고 있으니까 안 돼."

→ 나 "   "
　 친구 "   "

2 **1**에서 만든 여러분의 대사를 부탁 어조로 바꿔서 말해 보세요. 그다음 대화도 만들어 봅시다.

예) 나 "게임기 빌려주지 않을래?"
　 친구 "내가 하고 있으니까 안 돼."
　 나 "다 하고 나서 빌려줘도 괜찮으니까 빌려주면 좋겠다."

→ 나 "   "
　 친구 "   "

3 명령 어조와 부탁 어조로 말할 때, 서로의 기분이 어떻게 다른지 감상을 이야기해 봅시다.

15 자신의 생각을 전하는 방법

사이좋은 두 사람이 싸우고 있어요. "너는 항상 이기적이라 다른 사람 생각은 조금도 안 하잖아!"라고 말하자, 상대방도 "너야말로 그렇잖아. 저번에도 다 같이 노는 날을 정할 때 내 상황은 무시했잖아. 학원 가서 놀지 못하는 날이었는데!"라고 말해서 말싸움이 되었어요.

서로 감정적이 돼서 비난하고 있군요. 두 사람의 발언은 자신의 의견(생각)이고, 사실이 아닌 것도 포함되어 있습니다. 말싸움이 되면, 사실과 의견이 동떨어지는 경우가 많아집니다.
자신의 의견(생각)을 마치 사실인 것처럼 주장하니까 상대방은 짜증이 나게 되고, 결국 싸움이 일어나게 되지요. 하지만 싸움이 될 수도 있으니까 자신의 의견을 말하면 안 된다는 말은 아닙니다.

【사실적인 말과 의견적인 말】

'사실적인 말'은 자신의 생각에 지나지 않는 것을 마치 사실인 것처럼 전하는 표현이에요. '의견적인 말'은 자신의 생각임을 알 수 있도록 전하는 표현입니다. 자신이 말하고 있는 것이 옳다고 상대방에게 인정받고 싶을 때는 사실적인 말을 쓰기 쉬워요. 마치 사실인 것처럼 들리지만, 자신이 그렇게 생각하고 있을 뿐 사실을 말했다고 할 수는 없습니다.

| 사실적인 말 | → | ~야. 당연히 ~지. ~ 거야. ~겠지. ~한 것도 몰라? 왜 ~ 안 해? |

| 의견적인 말 | → | 이건 내 의견(생각)인데 ~. 나는 이렇게 생각하는데 ~. |

1 아래 두 대화 속에서 사실적인 말에 밑줄을 그어 봅시다.

너는 항상 이기적이라 다른 사람 생각은 조금도 안 하잖아!

너야말로 그렇잖아. 저번에도 다 같이 노는 날을 정할 때 내 상황은 무시했잖아. 학원 가서 놀지 못하는 날이었는데!

'~야.'라고 단정 짓거나, '항상 ~'라는 문구가 들어가 있어요. 어미를 잘 보세요.

2 **1**에서 밑줄을 그은 곳을 의견적인 말로 바꿔 봅시다.

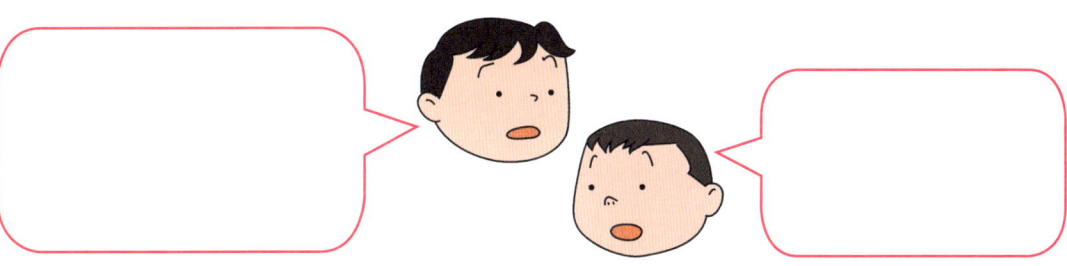

바꾸는 포인트는 '~라고 생각해', '~라는 느낌이 들어', '~했으면 좋겠어'라는 문구를 쓰는 것이에요.

제2장 훌륭한 듣기·말하기

16 자신의 기분을 전해 보자

학교에서 친구와 집에서 놀기로 약속했어요. 계속 기다려도 친구가 오질 않아서 공원에 찾으러 갔더니, 다른 친구들과 축구를 하고 있었어요.
그만 발끈해서 "우리 집에 오기로 했잖아!"라고 화를 냈어요.
친구는 이따가 가려고 했다며 변명을 했지만, 지금도 화해하지 않았어요.

친구가 오길 기대하고 있었는데, 다른 아이들과 공원에서 축구를 하는 것을 보게 되면, 약속을 깨 버렸다는 생각이 들어서 화가 나는 것이 당연합니다. '화'라는 공격적인 기분이 나타나서, 솔직한 기분(기대하던 마음)이 비뚤어져 버린 거예요. 그리고 '말하기 그러니까 말 안 할래.' 하고 말하는 것을 꺼리다 보면 자신의 진짜 기분에 거짓말을 하게 되고 말지요. 이럴 때는 '나는'을 주어로 해서 자신의 기분을 전하는 방법이 있습니다.

【내 메시지와 네 메시지】

'내 메시지'란 자신의 생각과 기분을 상대방에게 전하는 말하기 방법입니다. 예를 들어, "나는 당신의 방식이 옳지 않다고 생각해."라고 표현합니다. 반대 방법인 '네 메시지'는 "네 방식이 틀렸어."라고 표현합니다. '네 메시지'는 상대방을 단정 짓는 말하기지요.

1 ( ) 안에 '나' 또는 '너'를 넣어서 '내 메시지'와 '네 메시지'로 나누어 봅시다.

- (　　　)는 도대체 언제까지 기다리게 할 셈이지?
- 계속 기다려도 오지 않으니까 (　　　)는 걱정했어.
- (　　　)는 나빴어.
- 그런 식으로 말하면 (　　　)는 슬퍼.

2 친구와 역할을 정하고 번갈아 롤 플레이를 해 봅시다. A와 B에서 어떻게 기분이 다른지, 감상을 이야기해 봅시다.

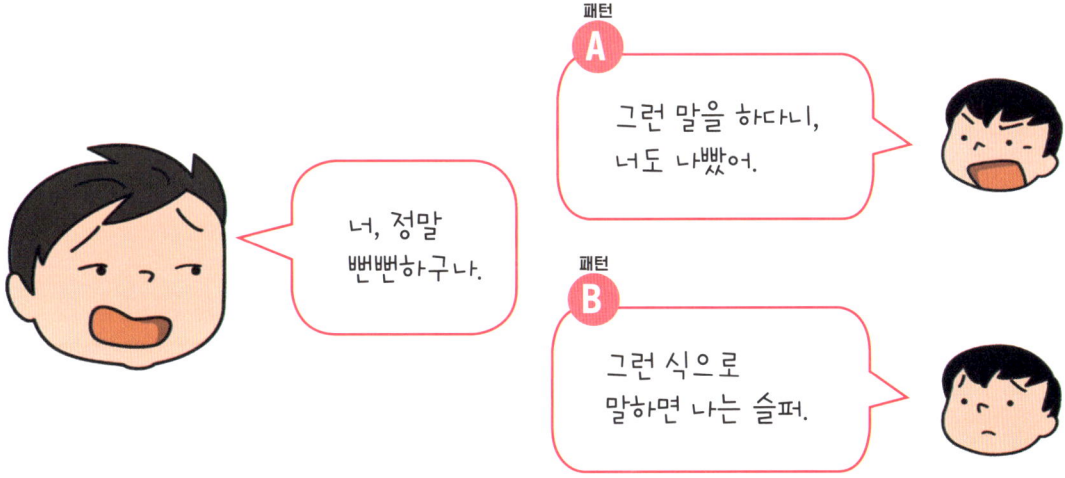

 '내 메시지'는 익숙해질 때까지는 사용하기 어려울지도 모르지만, 연습하다 보면 자연스럽게 쓸 수 있게 될 거예요.

17 '내 메시지'를 만들어 보자

친구에게 만화책을 빌려줬는데, 시간이 지나도 돌려주지 않아요. "그 만화 다 읽었으면 돌려줘."라고 말하고 싶지만, 친구가 나를 싫어할까 봐 말하지 못하고 있어요.
어떻게 내 기분을 말하면 좋을까요? 내 기분을 말하는 게 어려워요.

자신의 기분을 말하지 못할 때는 어쩌면 자신감이 떨어져 있을 때일지도 모르고, 비굴한 기분이 들어서일지도 모릅니다. 참는 것이 쌓이면 욕구 불만이 되고, 원망, 화의 감정이 쌓이고 말 거예요.
그러다 보면 친구를 사귀는 것이 귀찮아지거나 자신이 말하기 쉬운 약한 사람에게 나쁜 짓을 하거나 분풀이를 해서 불만을 해소하려고 할 수도 있습니다. 자신의 기분을 전하는 것은 굉장히 중요한 것이에요.

【내 메시지】

나를 주어로 하고, 상대방의 행동에 대한 자신의 기분을 표현하는 방법이 '내 메시지'입니다. 어디까지나 나는 이렇게 생각하고 있다는 것을 표현하는 것으로, 상대방을 공격하거나 비난하는 것이 아니에요. 자신도 말하기 쉽고 상대방도 받아들이기 쉽습니다. '네가 나빴어'라는 '네 메시지'는 상대방을 비판하거나, 공격하게 되니까 상대방도 경계하게 됩니다.

친구가 계속해서 만화책을 돌려주지 않을 때, 내 메시지로 내 기분을 말해 봅시다.

스텝 1 네가＿＿＿＿＿＿＿＿＿＿＿＿＿＿＿＿＿하면(상대방의 행동)

스텝 2 나는＿＿＿＿＿＿＿＿＿＿＿＿＿＿라고 느껴(내 기분이나 생각)

스텝 3 네가＿＿＿＿＿＿＿＿＿＿＿＿＿＿＿해 주면 좋겠어(제안)

예) 만화책 아직 돌려주지 않았는데, 나도 읽고 싶으니까 돌려줬으면 좋겠어.

예문을 내 메시지로 고쳐 봅시다.

예) "빨리 게임기 빌려줘. 언제까지 기다려야 해?"

＿＿＿＿＿＿＿＿＿＿＿＿＿＿＿＿＿＿＿＿＿＿＿＿＿＿＿＿＿＿＿＿＿＿

＿＿＿＿＿＿＿＿＿＿＿＿＿＿＿＿＿＿＿＿＿＿＿＿＿＿＿＿＿＿＿＿＿＿

18 꺼내기 힘든 말을 전하는 법

피아노 학원 가야 한다고 말 못 하겠어

수학여행에서 장기 자랑을 하게 돼서 방과 후 모두 모여 회의를 하기로 했어요. 피아노 학원에 가야 해서 빨리 가고 싶었지만, 모두에게 폐를 끼칠까 봐 말을 꺼내지 못했어요.
발표회도 얼마 남지 않아서 피아노 학원을 쉬고 싶지 않았는데, "오늘은 안 돼."라고 말하기 어려웠어요.

장기 자랑과 피아노 학원, 자신에게 양쪽 다 중요하겠네요. 자신보다 친구들을 우선으로 생각하면 자신의 희망을 말로 꺼내기 힘듭니다. 다른 사람을 배려하는 마음이 강한 사람일수록 이런 경우를 맞닥뜨리는 경우가 많겠지요.
자신의 희망을 말하지 않을 때가 있을 수 있지만, 항상 상대방을 우선하기만 하다 보면, 스트레스가 쌓입니다. 이럴 때 자신의 생각과 기분을 전하는 방법이 있어요.

【꺼내기 힘든 말을 주장적으로 전하기】

우선, 자신의 생각과 기분을 소중히 생각하고 주장하는 것이 중요합니다. 주장할 때에는 상대방의 생각과 기분도 잘 관찰하고, 나는 너의 생각과 기분을 이해하고 있다는 것을 전할 필요가 있어요. 상대방도 소중히 생각합시다.

도전 ①

왼쪽 페이지에서 어떻게 말하면 친구들에게 자신이 곤란한 것을 전하기 쉬울지 생각해 봅시다.

> 예) "있잖아, 오늘은 빨리 집에 가야 해. 피아노 발표회가 얼마 남지 않아서 학원을 쉴 수 없어. 오늘은 모두 시간도 괜찮고, 의욕이 넘치는데 정말 미안해. 만약 괜찮다면, 내일 쉬는 시간에 다 같이 얘기하는 건 어떨까?"

_____

_____

도전 ②

여러분은 어떤 경우에 자신의 생각이나 기분을 말할 수 없거나 말하기 힘들다고 생각하나요? 아래 예를 보고 동그라미를 쳐 보세요. 다른 것이 있다면 아래 빈칸에 써 봅시다.

〔   〕 친구와 생각이 다를 때

〔   〕 어른에게 말을 할 때

〔   〕 문제가 생길 것 같을 때

〔   〕 NO라고 말할 때 (거절할 때)

〔   〕 상대방이 틀린 것을 깨달았을 때

칼럼 2 함께 자라는 존경·신뢰의 관계

◉ 생각하는 것과 느끼는 것이 다른 건 당연하다

'십인십색'이라는 말이 있습니다. '사람에 따라 생각과 느끼는 것이 모두 다르다.'라는 말이지요. 서로 의견의 차이가 있는 것은 당연합니다. 그러니까 상대방에게 자신의 생각을 전하고, 상대방이 전하고 싶은 생각을 들으면서 서로의 생각을 나누는 것이 필요합니다.

상대방의 의견이 틀렸다고 생각하거나 그런 말을 듣고 싶지 않다고 느꼈어도, '상처받으면 불쌍해.'라든지 '대꾸를 듣는 건 싫어.'라고 생각해, 자신의 생각이나 기분을 전하지 않고 참을 때도 있어요.

그런데도 상대방이 전혀 알아차리지 못하면, '나는 말하고 싶은 걸 참고 있는데.'라고 기분이 나빠질 때도 있지요.

◉ 자신의 기분을 전하자

하지만 아무 말도 하지 않는다면 상대방은 자기와 같은 생각이라고 생각할 가능성도 있습니다. 이런 관계는 서로의 마음에 엇갈림이 생기고, 존경·신뢰의 관계에서 멀어져 갑니다.

용기를 내서 자신의 생각, 기분을 전해 보세요. 그리고 상대의 생각과 기분도 들으면서 이야기를 나눠 봅시다. 새로운 아이디어가 생겨날지도 모릅니다. 하지만 이야기를 나눠 본 결과, 역시 서로의 의견이 다를 때도 있을 거예요.

그렇더라도 서로의 생각을 알았다는 것 자체가 큰 성과이고, 이 경험이 자신의 세계를 넓혀 줄 수도 있습니다.

◉ 친구의 연결 고리

존경·신뢰의 관계를 키운 친구는 안심할 수 있는 안식처가 될 거예요. 항상 같이 있어야만 하는 것도 아니고 여러 사람과 있을 때가 있다면 두 사람이 있을 때도 있고 혼자 있을 때도 있습니다. 각각의 생각은 다를 수 있지만, 나답게 있으면 되는 것이지요. 한 사람, 한 사람마다 모두 역할이 있고 서로에게 필요한 소중한 존재입니다.

이곳에서 존경·신뢰의 관계를 쌓아 친구와의 연결 고리를 더욱 크게 만들어 봅시다.

제3장
문제가 일어났을 때

19 친구와 싸웠을 때

동물사육위원회 회의 중, 토끼 사육장의 청소는 전원이 하는 것이 좋겠다는 제안을 하자, 친구는 "두 사람이면 충분해. 제비뽑기로 정하자."라며 반대했어요. "두 사람이 하면 시간도 걸리고 제비뽑기는 불공평해."라고 설명해도 좀처럼 들어 주질 않아요. 사육위원장은 나인데……. 결국엔 친구와 싸우고 말았어요.

상대방이 완고하면 완고할수록 자신도 질 수 없다는 기분이 들지요. 자신이 사육위원회의 위원장이라서 책임감도 강하게 느끼고 있고, 그 입장을 지키려고 합니다.
처음에는 당번을 정하는 것이 목적인 회의였는데, 중간에 '상대방에게 지고 싶지 않아.'라는 목적으로 바뀌고 말았습니다. 이런 상태를 주도권 싸움이라고 합니다.

【주도권 싸움에서 벗어나기】

주도권 싸움이란, 대인 관계에서 어느 쪽이 더 잘났는지를 가리는 것입니다. 주도권 싸움은 서로에게 자신의 주장을 내세우는 말싸움에서 시작돼요. 이때 자신이 어떤 기분이 되었는지 느꼈으면 좋겠습니다. 초조함이 화로 변하고, 상처받았다는 감정이 되면 성가셔집니다. 초조한 마음이 생긴 것을 알아차렸다면 우선 주도권 싸움에서 벗어나는 용기를 가져 보세요.

친구와 토끼 사육장 청소 당번을 정하는 방법으로 대립하게 되었어요. 이럴 때 어떻게 하면 주도권 싸움이 되지 않고 끝날 수 있는지 그룹을 나눠 생각해 보고 발표해 봅시다. 왼쪽 페이지를 예로, 여러분과 친구의 주장이 대립할 때 주도권 싸움에서 벗어날 수 있는 대사를 만들어 보세요.

스텝 1 위원장인 나를 무시했다고 초조해하지 마. 조금만 기다려! 이건 좋지 못한 사인이야. (자신의 기분을 깨닫기)

나 [   ]

스텝 2 회의의 목적은 청소 당번을 정하는 것이었어. (주도권 싸움에서 벗어나, 원래 목적을 확인하기)

나 [   ]

스텝 3 회의가 혼란스러워졌으니까 잠깐 휴식 시간을 가지자. 간단하게 정할 수 없을 것 같으니까 먼저 다른 건을 얘기하고, 이따가 다시 한번 검토하자. (목적으로 돌아가기 위한 제안하기)

나 [   ]

친구 [   ]

 스스로 먼저 주도권 싸움에서 벗어나는 것은 굉장히 용기가 필요한 일이에요. 하지만 그렇게 함으로써 효과적인 회의가 가능하고, 감정적으로 서로 상처 주는 일이 적어질 거예요. 따라서 여러분의 공헌도는 매우 클 것입니다!

누구의 과제인지 생각하기

동생과 함께 다니고 있는 피아노 학원에서 곧 발표회가 있어요.
나는 실수하고 싶지 않으니까 매일 연습하는데 동생은 그다지
연습하지 않아요.
이대로라면 발표회에서 좋은 연주를 할 수 없을 것 같아서 "연습
좀 해."라고 매일 말했더니 싸움이 되었어요.

동생을 걱정해서 말한 건데 왜 싸움이 된 걸까요? 피아노 연습은 '누구의 과제'인지 생각해 봅시다. 이 '과제'라는 건 '해야 할 일'이라는 의미입니다. 동생의 피아노 연습은 '누가 해야 할 일'일까요?
자신의 과제가 아닌 일에 상담을 요청한 것도 아닌데 '뭐든 해야 하는데.'라고 생각하고 입 밖으로 말한 것이 싸움의 원인이 되었습니다.

【과제의 분리】

'과제의 분리'란 상대방과의 관계에 있어서, 자신이 해야 할 일인지 상대방이 해야 할 일인지를 명확하게 구분하는 것입니다. 이것은 사람과 사귈 때 중요한 생각 중 하나에요. 누구의 과제인지 모를 때는 이 행동의 결과를 최종적으로 떠맡는 사람이 누구인지를 생각하면 돼요. 그렇게 하면 무엇을 하면 되는지 생각의 실마리를 찾을 수 있을 거예요.

1 왼쪽 페이지에서 피아노 연습을 하는 것은 누구의 과제일까요?

 사고법
- 피아노 연습을 하지 않고 발표회에 나가서 실수하면, 부끄러움은 누가 떠맡게 되는가?
  ⇒ 무대 위에서 부끄러운 사람은? ⇒ 동생의 과제
- 여러분의 걱정을 해소할 수 있는 사람은? ⇒ 나밖에 없다 ⇒ 여러분의 과제

2 ❶~❺의 행동은 누구의 과제일까요?

❶ 시험이 다가오기 때문에 공부한다. _____의 과제

❷ 친구끼리 싸운다. _____의 과제

❸ 아버지의 일이 바빠 보인다. _____의 과제

❹ 남동생이 방을 청소하지 않는다. _____의 과제

❺ 피아노 학원을 그만두고 싶다고 생각하고 있다. _____의 과제

정답 ① 본인 ② 친구 ③ 아버지 ④ 남동생 ⑤ 나
정답 ① 동생

제3장 문제가 일어났을 때

 # 공동의 과제로 바꾸기

오늘 가정 시간의 조리 실습으로 사용할 요구르트를 가져오는 걸 깜빡했어요. 하지만 어젯밤에 누나가 먹었으니까, 이제 냉장고에도 없을 거예요. 어쩌죠.
요구르트를 가져오는 것은 내 역할. 모두에게 폐를 끼칠 것 같아요. 누나가 먹으면 안 됐는데!

오늘 요구르트를 학교에 가져오지 못한 것을 누나 탓으로 돌리고 있지만, 요구르트를 가져오는 건 누구의 과제(해야 할 일)였을까요? 잊어버린 책임을 지는 것은 여러분이니까 '여러분의 과제'입니다.
하지만 나 혼자서 해결하기 어려운 과제라는 생각이 든다면, 주변 사람에게 도움을 구해 보세요. 상대방이 들어준다면 '공동의 과제'가 될 거예요.

【공동의 과제】

'내 과제'를 '공동의 과제'로 바꿀 때는, 말로 무엇을 해 줬으면 하는지 정확하게 부탁하는 것이 포인트입니다. '공동의 과제'로 바꾼다면, 서로 협력할 수 있는 것이 없는지 이야기 나누는 것도 중요해요. 또, '상대방의 과제'를 '공동의 과제'로 바꿀 때는, 상대방이 상담하거나 의뢰할 때입니다.

내 과제를 공동의 과제로 바꾸는 방법을 생각해 봅시다.

1 대화를 통해 상담을 부탁하기

예) 나 : 엄마, 오늘 학교에 요구르트를 가져가야 해요. 어떻게 하면 좋을지 같이 생각해 줄래요?

- _____

2 공동의 과제로 바꿀 수 있는지 생각하기

예) 엄마 : 아이고, 곤란하네. 하필 바쁜 아침 시간에 말하다니. 너도 곤란하고, 모두에게 폐를 끼칠 수 없으니까 같이 생각해 보자. (엄마가 받아들여 주지 않는 경우도 생각해 보자)

- _____

3 공동의 과제로서 협력하여 해결을 위해 행동하기

예) 엄마 : 가까운 편의점에서 요구르트를 팔지도 몰라. 돈을 줄 테니까 혼자서 살 수 있겠니?
나 : 고마워요. 혼자서 살 수 있어요. 바로 가 볼게요.

- _____

친구의 만화책을 잃어버렸어요. 부모님에게 '공동의 과제'로서 생각해 달라고 부탁해 봅시다. 생각한 해결법을 그룹별로 이야기해 봅시다.

22 권리와 책임

'권리와 책임'이라는 말을 들어 본 적이 있을 거예요. '권리'란 사물을 자신의 의지에 따라 자유롭게 표현하거나 요구할 수 있는 자격·능력을 말합니다. '책임'이란 자신이 한 일의 결과를 받아들이는 것입니다.

예를 들어 '나에게 살아갈 권리가 있다', '나에게 알 권리가 있다' 또는 '실패의 책임은 내가 진다' 등으로 쓸 수 있습니다.

여러분이 어른으로 성장해서 자립하기 위해서는 '권리와 책임'을 의식하는 것이 중요합니다.

【권리와 책임】

❶ **자신의 생각, 기분은 존중받을 권리가 있다**
우리는 타인의 권리를 침범하지 않는 한, 자신의 생각, 기분을 소중히 하고 전할 수 있습니다. 자신에 대해 전할 수 있다는 것은 다른 사람의 생각이나 기분도 똑같이 소중히 해야 한다는 것입니다. 서로의 권리를 존중하는 것이 중요합니다.

❷ **타인의 기대에 부응하여, 할지 말지를 스스로 정할 권리가 있다**
할지, 하지 않을지도 스스로 정할 권리가 있습니다.

❸ **실패를 할 권리가 있고, 그것에는 책임을 질 의무가 있다**
사람은 누구나 완벽하지 않기 때문에 실패해도 괜찮습니다. 그 결과에 대해서 책임을 지고 받아들일 필요가 생기지요. 그리고 몇 번이고 다시 도전해도 괜찮습니다.

❹ **자기주장을 하지 않겠다고 정할 권리가 있다**
자신의 생각과 기분을 전하고 싶지 않을 때는, 전하지 않겠다고 스스로 정할 권리가 있습니다. 따라서 자기주장을 하지 않은 결과를 받아들일 책임이 생깁니다.

1 여러분이 가진 권리와 책임을 생각해 봅시다. 이외에도 여러분은 어떤 권리를 가지고 있을지, 친구와 함께 이야기해 봅시다.

❶ 나에게는 웃을 권리가 있다.

❷ 나에게는 울 권리가 있다.

❸ 나에게는 화낼 권리가 있다.

❹ 나에게는 자신을 소중히 할 권리가 있다.

❺ 나에게는 공부할 권리가 있다.

❻ 나에게는 행복해질 권리가 있다.

2 이외에 어떤 권리가 있을까요? 생각해 봅시다.

❼ _____

❽ _____

❾ _____

❿ _____

⓫ _____

⓬ _____

23 자신이 없을 때

같은 반 친구는 올해도 릴레이 선수에 뽑혔어요. 나는 달리기가 느리기도 하고, 출발선에 서기만 하면 가슴이 두근거려서 달리기만 하면 항상 꼴찌예요.
엄마는 "꼴찌는 싫지."라며 압박을 주세요. '어차피 나는 꼴찌예요.'라고 말하고 싶어져요.

다른 사람과 비교해서 '어차피 나는' 하고 느끼는 감정을 열등감이라고 합니다. 열등감에는 친구와 비교했을 때 가지는 열등감과 이상보다 실제의 자신이 모자르다고 느낄 때 가지는 열등감, 이렇게 두 가지가 있습니다. 두 번째 열등감은 이상적인 자신에 다가가기 위해 노력하는 원동력이 될 수도 있어요.
하지만 열등감이 너무 커져서 '콤플렉스'라는 커다란 스트레스를 일으키는 원인이 될 수도 있습니다.

【열등감과 인지의 왜곡】

자신이 가지고 있는 특유의 생각이 열등감을 만들어 내는 경우가 있습니다. 사람은 모두 좋건 나쁘건 자신만의 비틀어진 시각을 일부 가지고 있어요. 그중에서도 특히 한쪽으로 치우쳐져서, 자신도 살아가기 어렵고, 주변 사람과의 관계도 나쁘게 만드는 비뚤어진 생각(인지의 왜곡)을 '기본적인 오류'라고 합니다. 자신감이 없을 때는 '기본적인 오류'에 빠지기 쉬워요.

〔5가지 기본적인 오류〕

① 가능성에 지나지 않은 것을 마음대로 진실이라고 단정 짓는다.
예) 모두 나를 싫어하는 게 분명해.

② 매사를 과장해서 받아들인다.
예) 모두 나를 싫어해.

③ 어느 한 부분만 잘라서 생각하느라 중요한 측면을 간과한다.
예) 전부 실패하고 말았어.

④ 잘되지 않은 일이 하나 있으면 모든 것이 잘되지 않을 거라고 믿어 버린다.
예) 나는 언제나 실패의 연속이야. 무슨 일을 해도 잘되지 않는 인간이야.

⑤ 자신에게 가치가 없다는 등 자멸적으로 받아들인다.
예) 나는 살아 있어도 쓸모가 없어. 다른 사람에게 폐만 끼칠 뿐이야.

1 여러분이 열등감을 느끼는 것에 대해 써 보세요. 어떤 인지의 왜곡이 있을까요?

---

2 **1**에서 적은 자신이 열등감을 느끼는 것에서 빠져나와 봅시다.

'정말로 그래?' 하고 의심해 보기.

예) 달리기가 느려서 모든 운동을 못 해. ⇒ "정말로 그래?" ⇒ 맞아! 달리기는 빠르지 않지만, 축구 클럽에서 골키퍼를 하고 있어. ⇒ 운동회에 내가 잘하지 못하는 달리기가 있어서 자신감을 잃었지만, 잘하는 것도 있었다. 〔기본적인 오류 ④〕.

 잘 풀리지 않을 때

최근 무슨 일을 해도 실패뿐이에요. 댄스 발표회에서는 실수하고, 리코더를 잃어버렸고, 학원 테스트도 최악! 남동생이 시끄러워서 공부할 수 없는걸요. 머리도 이상하고 얼굴에 여드름도 났어요. 친구들은 모두 순조로워 보여서 부러워요.
'나만 왜……'라는 비참한 기분이 들었어요.

왜인지 일이 잘 풀리지 않을 때, 비참한 기분이 되지요. 더욱 잘 하려고 하니까 비참한 기분이 드는 거예요.
스스로 '뭐든 해야 해.' 하고 초조한 기분이 들겠지만, 조금만 시각을 바꿔 보세요. '어째서? 나는……'이라는 잘되지 않는 원인을 생각하기보다, 무엇을 위해 잘 됐으면 좋겠는지, 그 과제의 목적을 생각해 보는 건 어떨까요? 그래도 울적할 때는, 조금은 쉬어야 할 때라고 몸에서 보내는 사인일지도 모릅니다.

【위기를 구하는 목적론】

잘 풀리지 않을 때는 원인을 생각하기보다 '애초에 이걸 하는 목적이 무엇이었지?'라고 생각해 보세요. 이렇게 생각하면 목적을 달성하는 방법, 해결책이 떠오를 거예요. 아무리 해도 잘 풀리지 않는 순간은 누구에게나 있습니다. 충전 기간이라고 생각해 보세요. 인생에는 에너지 충전이 필요할 때도 있습니다.

원인론과 목적론의 차이를 알아봅시다. 두 가지 이론의 결론의 차이는 무엇일까요?

예) 학원 테스트 성적이 떨어졌다.

원인론	❶ 범인 찾기를 한다 ⇒ 남동생이 보던 TV 소리가 시끄러웠다. ❷ 인격 부정 ⇒ 나는 공부보다 TV 소리가 신경 쓰이는 한심한 인간이다. ❸ 후회한다 ⇒ TV의 유혹에 지지 말았어야 했다.

목적론	❶ 다른 사람의 탓이 아니라 자기 일로 인식한다
	  ⇒ 학원 테스트는 지망하는 학교의 합격을 위해 하는 거야.
	❷ 어떻게 하면 그 목표에 다가갈 수 있는가?
	  ⇒ 지망하는 학교를 생각하기·조용히 공부할 수 있는 환경 만들기.
	❸ 그것을 위해 무엇을 할 수 있는가?
	  ⇒ 지망하는 학교에 견학 가기·합격 목표를 적어 방에 붙이기·남동생에게 TV 소리를 줄이라고 하기.

우울한 기분을 바꾸기 위해서 할 수 있는 것을 찾아봅시다. 여러분이 긴장을 풀기 위해 할 수 있는 것은 무엇인가요?

예) 좋아하는 음악 듣기·밖에 나가서 놀기·심호흡하기·피곤을 풀기 위해 자기.

25. 좋아하는 사람·어려운 사람·사랑받고 싶은 사람

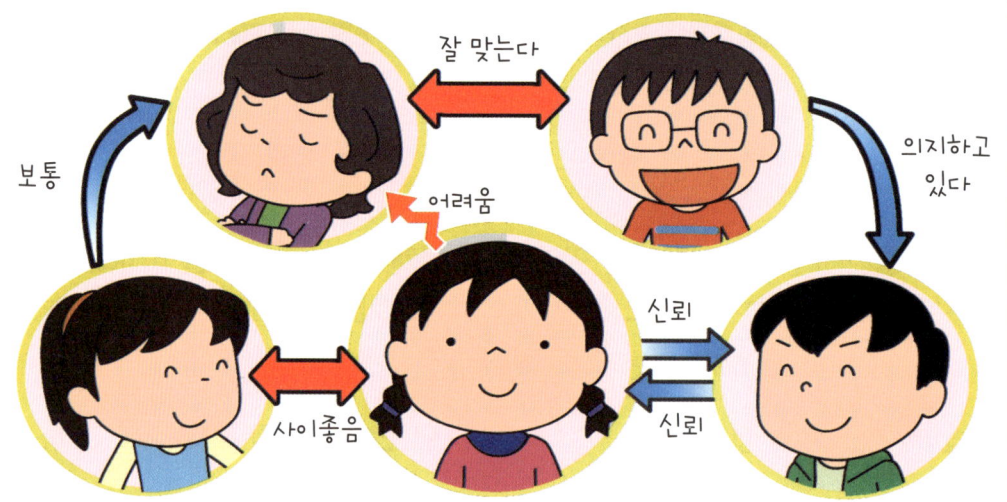

반에는 많은 친구들이 있지만, 모두가 서로를 좋아하거나, 좋아해 줬으면 좋겠다고 생각하는 건 아닙니다. 그중에는 상대하기 어렵거나 싫은 사람도 있어요. 사람은 왠지 상대방이 나를 챙겨 주는 것 같다고 생각할 때도 있고, 확실히 나를 무시하고 있다고 생각할 때도 있습니다.

사람에게는 누구에게나 사랑받고 싶다는 마음이 있습니다. 하지만 모든 사람에게 사랑받아야 한다고 집착을 하면 괴로워지기도 하지요. 친구의 마음에 들기 위해서, 친구의 안색을 살피며 기분에 맞춰 주거나, 자신의 의견을 말하지 못하고 참으면 자기 자신을 잃어버릴 수도 있습니다. 누구에게나 어려운 사람은 있습니다. 그러니까 모두에게 사랑받는다는 것은, 현실적으로 어려운 일이에요. 사이가 좋은 친구가 많으면 좋겠다 정도로 마음을 정해 봅시다.

【궁합의 법칙】

- 여러분 주변에 10명의 사람이 있다고 한다면 그중에 2명 정도는 궁합이 좋은 사람이고, 1명이나 2명은 궁합이 나쁜 사람이에요.
- 입장을 바꿔 봅시다. 여러분 주변에 10명이 있다고 한다면 2명 정도는 여러분과 궁합이 좋다고 생각하지만, 1명이나 2명은 궁합이 나쁘다고 생각한다는 거예요.

1 하교 중, 어려워하던 친구를 만났어요. 아래 두 가지 대응을 비교해 봅시다. 어느 쪽이 좋다고 생각하나요? 친구와 이야기해 봅시다.

❶ 말없이 모르는 척 집에 간다.

❷ 먼저 인사를 하고 집에 간다.

2 싫다고 생각해도 전혀 교류를 하지 않는 것은 어려워요. 학교생활에 지장이 가지 않게 잘 지내는 방법을 생각해 봅시다.

- '안녕, 잘 가' 등 인사는 한다. 학교에선 필요한 이야기만 한다.
- 나를 비판한다고 느끼지만, 그 사람의 의견으로 인식하자.
  여러분에 대한 비판은 어디까지나 그 사람의 의견(생각)이고 사실과 다르다.
  만약 그 안에 사실이라고 생각하는 것이 있다면, 여러분이 성장하는 데 이용하면 된다.
- 여러분이 궁합이 좋다, 좋지 않다고 생각했다면, 상대방도 여러분에 대해서 그렇게 생각했을 가능성이 있다.
- 무리하게 모두와 사이좋게 지낼 필요는 없다.

26 누가 간섭했을 때

엄마는 잔소리쟁이예요. 저녁 식사 후 혼자서 음악을 들으면서 만화책을 읽으려고 방에 들어가니까 "빨리 씻어라."라든가 "숙제했어?"라고 잔소리를 해요. "씻는 건 언제든 상관없잖아요!"라고 대답하면 "됐으니까, 얼른."이라고 말하십니다.

자신의 일을 스스로 생각하고 행동할 수 있는 나이라고 생각하는데, 주변의 어른에게 '이렇게 해라, 저렇게 해라.'라고 지시를 받게 되면, 반발하고 싶어지지요.
어른들에게는 여러분의 마음의 성장이 보이지 않을지도 모릅니다. 그래서 하나하나 신경 쓰면서 지시하는 걸지도 몰라요.
이럴 때, 싸우지 않고 자신의 생각과 기분을 전하는 방법을 생각해 볼 필요가 있습니다.

【반론은 주장적으로 하기】

어른이나 경험이 풍부한 사람에게 일방적으로 의견이나 지시를 받으면, 반발심이 일어날 때가 있습니다. '어차피 내 의견을 말해도 알아주지 않을 거니까.' 하고 따르는 척을 하거나 강하게 주장하지 않으면 자신의 의견이 통하지 않는다고 생각해서 공격적인 태도를 보일 때도 있을 거예요. 이럴 때는 '내 메시지'(16 참조)를 써서 주장적으로 말해 봐요.

엄마가 또 마음대로 옷을 사 오셨어요. 사실은 친구가 입은 것과 비슷한 옷을 원했는데……. "이런 옷, 절대 안 입을 거예요!"라고 말하자, 엄마는 "어울릴 것 같아서 사 왔는데!"라며 화를 내시고 결국 싸움이 되어 버렸어요.

1 엄마와 싸움이 되지 않는 대화법을 그룹으로 모여 생각해 보고, 대사를 만들어 봅시다.

엄마 "어울릴 것 같아서 이 옷을 사 왔어."

예) 모처럼 사 주셨는데, 앞으로 내 옷은 내가 고르고 싶어요.

나 "   "

> 내 기분과 생각을 전해 보자.

엄마 "어머 그랬니. 어떤 옷이 좋아?"

예) 친구가 입었던 옷 중에 마음에 드는 게 있었어요.

나 "   "

> 구체적으로 말하자.

엄마 "다음에 같이 보러 갈까?"

나 "   "

2 대사를 다 만들었으면 그룹별로 발표해 봅시다.

다른 그룹의 발표를 보고 느낀 점을 함께 이야기해 봅시다.

27 친구가 기운이 없어 보일 때

함께 축구팀을 하는 친구가 기운이 없어 보여요. 점심시간에 축구를 하자고 해도 하지 않고, 혼자 있는 모습이 자주 보여요. '무슨 일이야?'라고 말을 걸고 싶은 마음이 굴뚝같지만, 왠지 말을 꺼내기 어려워요.

친구가 평소와 다른 모습을 보일 때가 있습니다. 걱정이 되는 것은 친구로서 당연한 일이지만, '무슨 일이야?'라고 말을 걸기 어려운 마음도 이해가 되네요. 내 힘으로는 버거운 걱정거리면 어쩌지라는 생각을 하면, 말을 거는 것도 상당한 용기가 필요합니다. 이럴 때 어떻게 친구를 응원하면 좋을지 생각해 보세요.

아들러 선생님의 가르침

【친구에 관한 관심은 친구의 버팀목이 된다.】

걱정될 땐, 우선 '내가 할 수 있는 일은 무엇일까?'하고 생각해 보세요. 그 후에 "나는 너를 걱정하고 있어."라고 말을 걸어 보세요.(친구가 혼자 있을 때가 좋습니다.) 친구가 말하고 싶어지면 경청하는 자세로 친구의 이야기를 들어 주세요(제2장 참조). 나 혼자서는 해결할 수 없다고 판단될 때는 친구에게 얘기하고, 신뢰할 수 있는 어른에게 상담을 해야 해요.

여러분 주변에 기운이 없는 친구가 있다면 어떻게 해야 할까요? 생각해 봅시다.

- "무슨 일이야? 요즘 기운이 없네." 하고 말을 건다. ⇒ ❶로
- 지금까지처럼 걱정하면서 지켜본다. ⇒ A로

❶ 친구에게 말을 건다
- "이야기를 들어 줘."라고 말한다면 ⇒ ❷로
- "가만히 내버려 둬."라고 말한다면 ⇒ B로

A 지금까지처럼 걱정하면서 지켜본다.

B "언제나 이야기를 들어 줄 테니까."라고 내 마음을 전한다.

❷ 친구의 이야기를 듣는다.
- 어른에게 상담하는 편이 좋을 것 같다면 ⇒ ❸으로
- 어른에게 상담하지 않아도 괜찮을 것 같다면 ⇒ B로

❸ "어른에게 상담하는 편이 좋을 것 같다."라고 전한다.
- 친구도 어른에게 상담하고 싶다고 말한다면 ⇒ ❹로
- 어른에게 상담하고 싶지 않고, 비밀로 해 달라고 말한다면 ⇒ C로

C 네가 안고 있는 문제는 굉장히 심각한 것이라 내게는 그 문제를 해결할 힘이 없어. 나는 도와줄 수 없지만, 내버려 두는 무책임한 행동을 할 수는 없어. 너를 소중히 생각하고 있으니까 함께 신뢰할 수 있는 어른에게 상담하자, 라고 말하며 설득한다.

❹ 둘이서 신뢰할 수 있는 어른에게 상담하러 간다.

💡 중요한 것은 혼자서 뭔가를 하려고 하지 말고, 신뢰할 수 있는 어른에게 상담하도록 자신의 의견을 전달하는 것입니다.

칼럼 3 | 리소스를 찾아보자!

⊙ 자신이 있을 곳을 의식하자

세계 속에 자신이 있을 곳을 찾는 것은 인간의 가장 기본적인 욕구라고 알려져 있습니다.
친구와 가족이 필요하면 언제든지 도와주는 '동료'라면, 뭔가 특별한 것을 하지 않아도 자신에게는 가치가 있는, 자신만의 있을 곳이 있다고 할 수 있겠지요.
'뭔가를 할 수 없다면 도움이 되지 않아.'라고 생각하고 있다면, 그것은 잘못된 생각이에요. 누군가의 이야기를 듣고, 함께 있어 주는, 그것만으로도 여러분은 누군가에게 도움이 될 수 있습니다.
게다가 자신만이 할 수 있는 역할을 찾을 수 있다면 더욱 자신감을 가질 수 있을 거예요.
리소스를 찾아보세요. '리소스'란 쓸모가 있는 자원이란 의미로, 특색, 장점, 능력, 개성, 경험, 매력 등을 말합니다. 우선은 혼자서, 필요하다면 친구의 힘을 빌려서 리소스를 찾아봐요!

◆ 다음 세 가지 질문에 대해 생각해 봅시다.
 ❶ 여러분은 무엇을 좋아하나요?   예) 만화
 ❷ 여러분은 무엇을 할 때 두근두근하나요?   예) 여행
 ❸ 여러분의 특기는 무엇인가요?   예) 그림을 그리는 것

◆ 만화나 영화의 등장인물 중 가장 좋아하는 사람은? 그 사람의 어떤 점을 좋아하나요?
 예) 원피스의 루피 : 동료를 굉장히 소중하게 생각하는 점
 여러분이 좋아하는 인물의 특징은, 여러분이 이상적이라고 생각하는 문제 해결 방법을 나타내고 있을지도 모릅니다.

◆ ❶에서 자신이 좋아하는 것·❷의 두근두근하는 것·❸의 특기인 점을 살려서 우리 반을 위해 할 수 있는 일을 생각해 봅시다.
 예) 체육 대회에서 우리 반 깃발에 그림을 그린다.

제4장
자신과 타인에게 용기를 북돋아 주기

28 단점을 장점으로 바꿔 말해 보자

점심시간에 사이가 좋은 친구들끼리 모여, 모두 즐겁게 이야기를 하는데 나는 즐겁지 않아요. 항상 듣기만 하고 재밌게 말하지 못해서, 친구들이 '재미없는 아이'라고 생각하면 어쩌지 걱정이에요. 점심시간이 끝날 때쯤, 항상 나는 안 되겠다는 생각이 들어서 자신감이 없어져요.

스스로 단점이라고 생각하는 것이, 실은 다른 사람에게는 장점으로 여겨지는 경우가 자주 있습니다.
여러분이 항상 잘 들어 주고 있는 것에 대해서 '이야기를 잘 들어 줘서 기쁘다.'라고 느끼는 친구도 있을 거예요.
예를 들어, 자신이 단점이라고 생각했던 것을 '장점'으로 생각해 본다면 어떻게 될까 등, 시각을 바꿔서 생각하는 것을 '리프레이밍'이라고 합니다.
장점을 발견해서 자신감을 가져 봅시다.

【리프레이밍】

리프레이밍이란 전문 용어로 프레임(테두리)을 바꾸는 것입니다. 어떤 사건을 다른 시각으로 바꾸어 생각하는 것이지요. '나는 말을 잘 못 한다'라는 시각을 '나는 무엇을 말할지 신중하게 생각한다', '친구의 이야기를 잘 들어 준다'로 바꿔 생각하면 자신의 장점을 찾을 수 있을 거예요. (106~107페이지 [가나다순 리프레이밍 사전] 참고)

리프레이밍해 봅시다.

1 여러분이 단점이라고 생각하는 것은 무엇인지 적어 봅시다.

예) 성격이 급함, 칠칠치 못함
.

2 장점으로 리프레이밍해 봅시다(친구에게 부탁해도 됩니다).

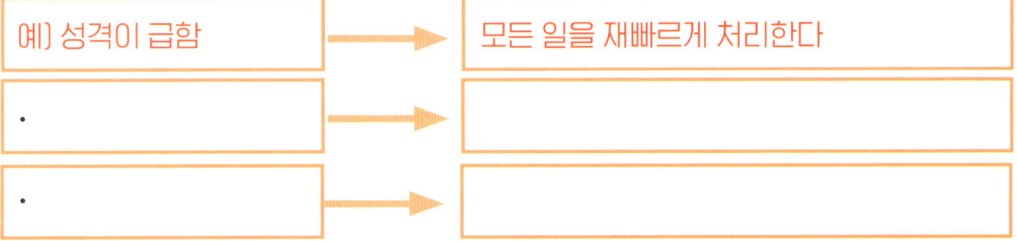

3 이외에도 어떤 의미로 바꿀 수 있을까요? 다른 표현을 생각해 봅시다. 이 단점은 어떨 때 도움이 될 것 같나요?

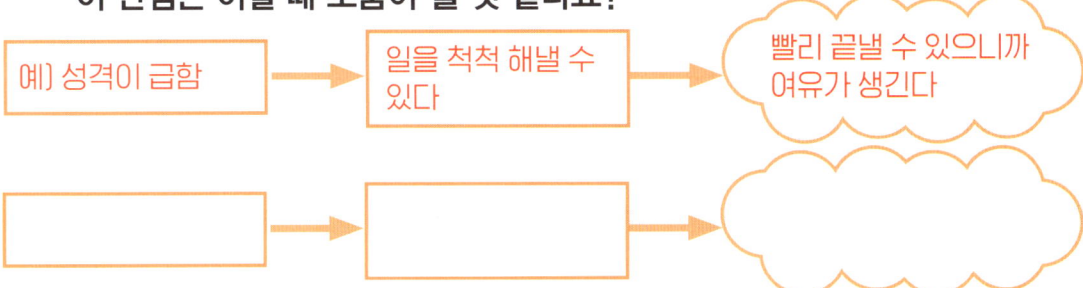

4 단점이 장점이 되니까 어떤 느낌이 드나요?

29 악마의 속삭임

'또 그랬어!' 입 밖으로 소리 내지는 않았지만, 마음속에서 소리쳤어요. 저는 잘 잊어버리기 때문에 항상 주의하고 있어요. 신경은 쓰고 있는데 오늘도 필통을 잊어버리고 말았어요. '아, 나는 맨날 이래.'하고, 또 마음속으로 투덜댔어요.

사람은 언제나 마음속으로 자신을 향해 말을 걸어요. 이걸 '셀프 토크'라고 합니다. 자신에게 거는 말을 악마와 천사로 나누어 보세요. 셀프 토크는 자신의 기분에 커다란 영향을 줍니다.

우선 마이너스 셀프 토크, 〔악마의 속삭임〕을 해 봅시다. 그리고 바로 다음 페이지의 플러스 셀프 토크, 〔천사의 속삭임〕을 해 봐요. 두 가지 셀프 토크를 체험해 보면, 셀프 토크가 어떤 식으로 영향을 끼치는지 실감할 수 있을 거예요.

[셀프 토크]

셀프 토크란 마음속에서, 특히 의식하지 않아도 자신에게 거는 말로, 이것은 하루에 몇만 번이나 반복되고 있습니다. 셀프 토크로 이야기하는 내용이 점점 자신의 이미지가 되고, 매일의 행동에 영향을 줍니다. 어떤 일이 잘 풀리지 않을 때는 마이너스 토크(악마의 속삭임)가 자동적으로 시작되지요.

1 아래 마이너스 셀프 토크의 예를 참고하여, 여러분이 자주 쓰는 말이 있다면 자신의 말로 바꾸어 써 봅시다.

_____

_____

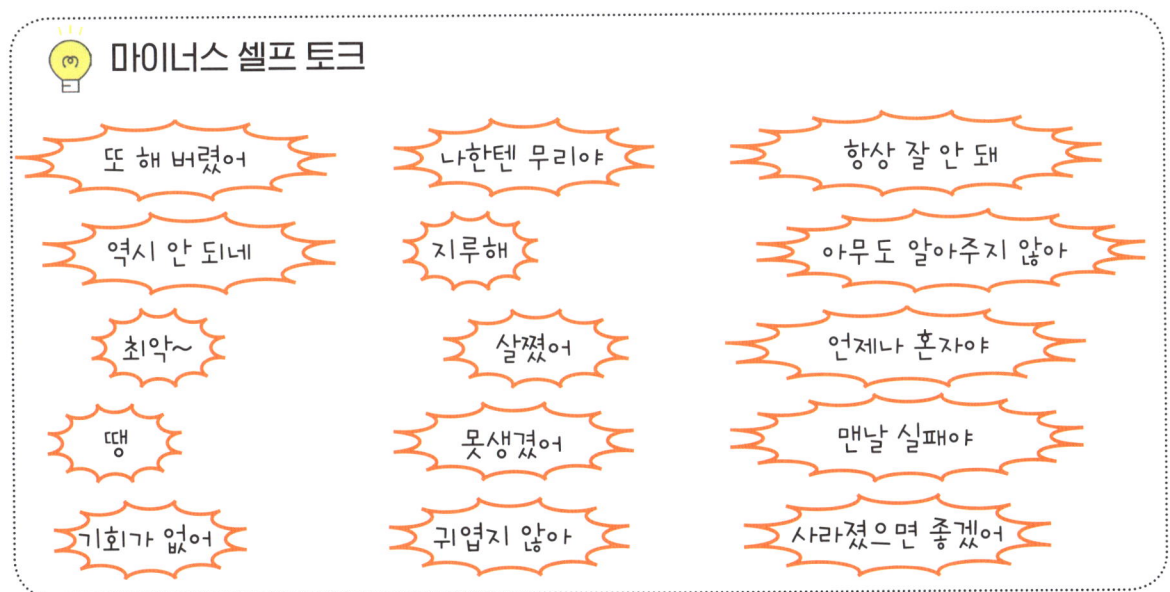

2 그 말을 친구에게 뒤에서 낮은 목소리로 속삭여 달라고 부탁해 봅시다.

3 친구와 해 보고 어떤 기분이 들었는지 이야기해 봅시다.
30도 해 봅시다.

제4장 자신과 타인에게 용기를 북돋아 주기   71

30 천사의 속삭임

오늘도 필통을 집에 놓고 왔지만, '다음에 신경 써서 챙길 테니까 친구에게 연필 빌려 달라고 하자.'라고 생각하자. '또? 한심한 녀석.'이라는 악마의 속삭임이 '괜찮아.'라는 천사의 속삭임으로 바뀌었어요.
'친구가 빌려줄 거니까 괜찮아!' 라고 생각을 고치고, 친구에게 도움을 요청할 수 있었어요.

플러스 셀프 토크는 실패했을 때나 부진할 때에 다음을 위한 한 걸음을 내디딜 용기가 될 거예요.
단, '플러스 셀프 토크'는 의식하지 않으면 잘되지 않습니다. 부정적인 말이 나와도 그 뒤에 아무렇지 않게 바로 플러스 셀프 토크를 덧붙이면 돼요(마이너스 토크도 나에게 경고하는 자신의 말이니까, 필요한 토크입니다).

【천사의 속삭임】

셀프 토크를 내 편으로 해서, 자기 자신의 이미지를 좋은 방향으로 바꾸거나, 부진을 극복하는 용기로 바꿀 수 있습니다. 천사의 속삭임은 넓은 마음으로 있는 그대로의 자신을 긍정하고 자신의 미래를 신뢰하도록 하는 말이 적합해요. 많은 천사의 말을 모아, 스스로 자신에게 용기를 북돋아 줄 수 있다면 최고겠지요!

1 플러스 셀프 토크의 예를 참고해서, 여러분도 자주 쓰는 말이 있다면 자신의 말로 고쳐서 써 봅시다.

_____

_____

2 그 말을 친구에게 뒤에서 밝은 어조로 속삭여 달라고 부탁해 봅시다.

3 친구와 해 보고, 어떤 기분이 들었는지 이야기해 봅시다.

31 위기는 찬스

항상 친하게 지내던 여자아이와 사소한 일로 말다툼을 하게 되었는데, 무심코 "조용히 해! 못생긴 게."라고 큰 소리로 말하고 말았어요.
여자아이는 울었고, 남자아이들까지 "말이 심하잖아."라고 말했어요. 여자아이들은 "최악이야!", "너무해!", "말도 안 돼!"라며 비난했어요.

이런, 큰일이 되어 버렸네요. 마음에도 없는, 아차 하는 순간에 말한 한마디가 대사건이 될 때가 있습니다. 스스로는 '별거 아닌 발언'이라고 생각해도, 상대방이 크게 상처받거나 주변에서 비난을 할 때가 있습니다. 잘 생각해 보고, 상대방의 행동이 이해가 되거나, 주위의 반응이 정당해서 반성하게 될 때, 솔직하게 사과할 수 있는지 없는지로 여러분의 용기를 시험할 수 있습니다. 용기를 가지고 대응하면 이 경험이 여러분의 강점이 될 거예요.

【플러스 사고】

용기 있는 사람은, 이때다 싶을 때 현실을 똑바로 받아들이고 사물을 긍정적으로 바라봅니다. 살아가면서 맞서야 할 문제에 직면할 때가 있습니다. 그것은 '어렵다'고 해서 도망가면 해결되지 않아요. 위기야말로 자신을 믿고 친구를 믿어 극복해야 합니다. 물론 극복하는 것은 힘들겠지만, 극복할 수 없는 벽은 없습니다.

왼쪽 페이지를 보고 생각해 봅시다.

1 실언했다는 현실을 받아들여요. 모두에게 어떻게 말하면 여러분의 마음이 전해질까요?

> **포인트** 솔직하게 사과하는 것

예) "으악! 미안해, 나도 모르게 발끈해 버렸어. 내가 미안해. 물론 내 진심이 아니야. 상처 줘서 미안해."

- _____
- _____

2 반 친구들의 입장에서 생각해 봅시다. 심한 말을 한 친구에게 용기를 줘 봐요. 뭐라고 말하면 좋을까요?

> **포인트** 비판하더라도 용기를 북돋아 주는 것

예) "너무하잖아. ××는 아직 화가 안 풀렸겠지만, 어쩔 수 없어. 조금 더 시간이 필요할 것 같아. 하지만 분명 이해해 줄 거야."

- _____
- _____

제4장 자신과 타인에게 용기를 북돋아 주기

32 실패는 실패가 아니다

'앗!' 반 연극 연습에서 대실패. 마법사 역인 아이가, 내 대사와 그다음 왕녀의 대사도 날려 버리고, 연극을 끝내는 대사를 해 버렸어요. 왕녀의 소원이 뭔지도 모르게 되고 말았어요.

대사가 날아간 왕녀 역의 여자아이는 울어 버리고, 다른 친구들도 웅성거리기 시작했어요. 원인이 된 마법사 역 아이도 곧 울 것 같네요. 여러분이 마법사 역이었다면 어떻게 할까요? 대사가 날아간 왕녀 역이었다면 어떻게 할까요?
이런 실수는 자주 일어납니다. 그 후 자신과 타인을 나무라며 연습을 끝낼 것인지, 어떻게 하면 좋은 연극이 될지 생각하고 행동할지는 여러분에게 달려 있어요.

【실패를 받아들이는 방법】

실패는 여러분이 적극적으로 무언가에 도전했다는 증거이기도 합니다. 용기가 없는 사람은 누군가의 탓으로 돌리고 두 번 다시 도전하지 않을지도 모르지요. 하지만 용기가 있는 사람은 실패에서 배운 자세를 가지고 다음 행동으로 옮길 거예요. 중요한 것은 '*¹원상회복과 *²재발 방지'. 사과가 필요할 때도 있을 거예요.

*1 원래대로 되돌리는 것
*2 같은 일을 두 번 다시 반복하지 않도록 하는 것

1 마법사 역과 왕녀 역, 이외의 사람(무대에 있는 사람이나 감독 등)은 '원상회복'을 위해 무엇을 할 수 있을까요? 여러분이 반 친구라면 어떻게 할 건가요?

예) 왕녀… 우는 것을 멈추고 연극을 이어서 한다.

- _____
- _____
- _____

2 '재발 방지'를 위해 할 수 있는 것이 있을까요?

예) 마법사… 실전에서는 긴장을 풀고 '상대방의 대사를 듣는 것'을 명심한다.

- _____
- _____
- _____

33 고맙다고 말하자

쉬는 시간에 넘어져서 팔이 부러지고 말았어요. 급식 당번도 다른 친구와 바꾸고 사육위원 일도 할 수 없어요. 모두에게 폐를 끼쳐서 미안한 마음이 들어요.
친구에게 "정말로 미안해."라고 말하니까 "그렇게 미안해하지 않아도 돼."라고 말해 주었습니다.

곤란할 때 누군가 도와주면 정말로 기쁘지요. 친구에게 이 기분을 전하고 싶지만, 좀처럼 딱 맞는 말이 나오지 않을 때가 있습니다.
'미안해'라는 말을 자주 쓰긴 하지만, '미안해'라는 말은 사죄(사과하는 것)의 마음을 나타내는 것으로, 여러분의 감사함이 전해지지는 않아요. 기쁘다, 덕분에 살았다는 마음을 전할 때 알맞은 말은 '고마워'입니다.

【고마워는 마법의 말】

'고마워'라는 말은 기쁜 마음과 감사의 마음을 전할 때 딱 맞는 표현입니다.
'고마워'라는 말은 듣는 사람은 물론, 말한 사람도 행복한 감정이 생기는 플러스 말입니다.

다친 여러분의 청소 당번을 친구가 바꿔 주었어요. '미안해'와 '고마워'는 서로 어떻게 다르게 느껴질까요? 친구와 역할을 정해서 롤 플레이를 해 봅시다. 또, 교대해서도 해 봅시다.

1 친구에게 "미안해."라고 말해 봅시다.

2 친구에게 "고마워."라고 말해 봅시다.

3 친구에게 '미안해'라는 말을 들었을 때와 '고마워'라는 말을 들었을 때, 어떤 점이 다르게 느껴졌나요? 이야기해 봅시다.

34 지적이 아닌 칭찬을 해 보자

수업에서 그룹 발표를 하게 되었어요. 반장이니까 실패하면 내 책임이 될 것 같아서 연습 중에 모두에게 엄하게 주의를 주었어요. 그러자 "계속 지적만 하니까 의욕이 없어졌어."라는 말을 들었어요. 충격을 받아서 더는 반장 따위 하기 싫다는 생각이 들었어요.

좋은 발표를 하고 싶어서 한 말을, 모두가 지적이라고 오해했군요. 자신은 그럴 생각이 아니었는데, '지적' 때문에 자신도 친구들도 의욕이 없어지고 말았네요.
지적은 나쁜 점을 집어내고, 모두가 그것을 인정하고 잘해 나갈 노력을 할 때 필요한 것입니다. 하지만 지적만 당한다면 의욕도 없어지고 서로의 관계도 나빠지고 말 거예요.

【좋은 관계를 만들어 내는 칭찬】

사람은 자신뿐만 아니라 다른 사람에 대해서도 좋은 점보다 결점이 눈에 잘 보이기 때문에, 무심코 지적을 하고 맙니다. 상대방의 좋은 점을 찾아, 의식해서 칭찬을 해 보세요. 주위에서 관심을 보이면, 좋은 행동이 늘어나는 경향이 있답니다.

1 같은 그룹의 친구 한 명, 한 명의 좋은 점을 써 봅시다.

이름	좋은 점

2 1에서 쓴 것을 바탕으로 다 같이 친구들 한 명, 한 명을 칭찬해 봅시다. 칭찬을 받은 감상을 써 봅시다.

💡 칭찬의 말 모음집

상냥하다, 책임감이 있다, 매력 있다, 실행력이 있다, 손재주가 있다,
성실하다, 행동력이 있다, 똑부러지게 말한다, 이해력이 좋다,
묵묵히 노력한다, 모험을 좋아한다, 꾸밈없다, 자신감이 있다, 조심성이 있다,
신중하다, 잘 어울린다, 붙임성이 좋다, 믿을 수 있다, 낙천적이다, 척척박사,
활기차다, 차분하다, 용기가 있다, 예의가 바르다, 친해지기 쉽다,
마음이 넓다, 대범하다, 배려가 있다, 표현력이 좋다, 공평하다, 착실하다,
열의가 있다, 의지할 수 있다, 긍정적이다, 사교적이다, 인내력이 있다,
끈기 있다, 말을 잘한다, 독특하다, 멋지다, 시원스럽다

35 자신에게 칭찬을 해 보자

퇴근 후 피곤한 엄마를 도우려고 했는데 접시를 깨고 말았어요. 엄마에게 "깨진 접시를 치우는 게 얼마나 힘든데. 왜 일을 만드니 정말!" 하고 혼났어요. 엄마를 도우려고 했을 뿐인데. 나는 뭘 해도 안 되는 것 같아요…….

피곤한 엄마를 도우려고 했는데 접시를 깨 버리고 말았군요. 실망해서 자신감을 잃는 것도 당연합니다. 엄마는 화를 냈지만, 엄마를 도우려고 했던 착한 마음은 전해졌을 거예요. 마음속으로 고마워하고 있을지도 모릅니다. 실패한 것이 계속 생각나겠지만, 그 기분은 옆에 치워 두세요. '피곤한 엄마를 도와주다니 꽤 하잖아.'라고 자신에게 칭찬을 해 보세요.

【자신에게 용기를 북돋아 주는 칭찬】

사람은 자신의 좋은 점보다 결점에 눈이 가는 경향이 있습니다. 좋은 점이라면 특별하게 우수한 점이라고 생각하기 쉽지만, 아침 일찍 일어나는 것, 밥을 잘 먹는 것, 인사하는 것 등 매일 당연하게 해 온 것도 좋은 점이지요. 이렇게 생각하면, 대부분의 행동에 대해 칭찬할 수 있습니다. 자신을 칭찬으로 응원하면 살아갈 용기도 생겨날 거예요.

도전 ①

1 지금까지 가족과 친구에게 들어서 기뻤던 말은 무엇인가요?
   34 의 [칭찬의 말 모음집]을 참고해 보세요.

- _____
- _____

2 여러분의 좋은 점이라고 생각하는 것을 가능한 한 많이 써 봅시다.

- _____   · _____
- _____   · _____

도전 ②

1 **2** 에서 쓴 좋은 점을 두 가지 골라서 그 근거를 써 봅시다.

예) 나는 건강하다. 그 증거로 매일 아침 밥을 먹고 있다.

나는 _____ 다.

그 증거로 _____

제4장 자신과 타인에게 용기를 북돋아 주기

36 칭찬보다 용기를 북돋아 주자

형의 생일에 샐러드를 만들었어요. 토마토와 브로콜리, 달걀을 넣어서 예쁜 샐러드를 만들어서 생일 선물로 주었어요.
형은 "오, 하면 할 수 있구나."라는 한마디뿐. 친구에게 얘기하니까 "잘했어."라고 말해 주었어요. 왠지 기쁘지 않았어요.

형에게 "하면 할 수 있구나."라고 칭찬받았지만, 그다지 기쁘지 않은 것 같군요. 어쩌면 형의 생일을 축하하고 싶다는 마음이 전해지지 않은 것 같다고 느꼈을지도 모르겠네요.
형은 분명 동생이 샐러드를 만들어 축하해 줘서 기뻤을 것이고, 친구도 형을 생각하는 마음이 착하다고 느꼈을 거예요. 이럴 때, 형과 친구는 어떻게 말했으면 좋았을까요?

【도전하는 힘이 생기는 용기 북돋아 주기】

용기를 북돋아 주는 것은 결과를 평가하는 것이 아니라, 상대방의 기쁨이나 슬픔 같은 기분을 공유하고 자신의 기분을 말과 태도로 전하는 것입니다. 기쁠 때나 슬플 때, 자신을 이해해 주는 사람이 있다는 것만으로도 큰 용기가 생겨나지요. 좌절할 것 같았던 때에도 힘이 날 거예요.

도전 1

다음 ❶~❺의 말을 형에게 들었다면 어떤 느낌일까요? 친구와 역할을 정해서 롤 플레이를 해 봅시다.

❶ 잘했다! 하면 할 수 있구나.
❷ 맛있는데 마요네즈 너무 넣었다!
❸ ………… (아무 말 없이 먹는다)
❹ 맛있어, 고마워.
❺ 열심히 만들어 주었구나. 기쁘다.

도전 2

어떤 말이 용기가 나고 듣는 사람이 기뻐할지 친구와 이야기해 봅시다. 또, 용기를 북돋는 말을 생각해 봅시다.

◎칭찬과 용기 북돋기의 차이

칭찬하기	용기 북돋기
· 우수한 점을 평가한다 · 상대방이 자신의 기대에 부응할 때 해 준다 · 평가하는 태도 · 상하 관계가 있다	· 다른 사람과 비교하지 않는다 · 성공할 때도 실패할 때도 해 준다 · 공감하는 태도 · 대등한 관계이다
↓	↓
경쟁이 생긴다	자기 자신이 성장과 진보를 하려고 생각한다

제4장 자신과 타인에게 용기를 북돋아 주기

칼럼 4 · 지금 여기를 살아간다

⊙ 과거에서 원인을 찾지 말고 미래 지향적으로

아들러 심리학에서는 과거의 일, 유전, 환경 등은 미래와 상관이 없고, 자신의 미래는 스스로 정할 수 있는 것이라고 합니다. 즉, 지금까지의 실패나 가정 환경 등은 여러분들의 미래를 만드는 재료가 될 수 없다는 것입니다.

바로 믿을 수는 없을지도 몰라요. 하지만 기억해 주세요.

인생의 주인공은 자신이고, 각본가도 연출가도 자신입니다. 여러분의 미래를 정할 수 있는 것은 여러분밖에 없다는 것이지요.

지금까지의 일은 바꿀 수 없지만, 앞으로의 자신의 시각과 사고법은 바꿀 수 있어요. 사람과 관계를 맺어 가는 방법도 자기 나름대로 바꿔 나갈 수 있습니다. 그렇게 생각하고 행동을 하다 보면, 자신의 주변부터 미래는 조금씩 바뀌어 갈 것입니다.

⊙ 지금부터 자신을 바꿀 수 있다

미래를 바꾸기 위해서는 현재를 바꿔야 합니다.

지금의 자신과, 자신에게 주어진 환경을 어떻게 할 수 없다고, 여러분이 그렇게 믿는다면 그렇게 될 것입니다. 미래의 자신은 지금의 자신보다 더 좋아질 것이다, 주어진 환경도 조금씩 바꿔 나갈 수 있다고, 여러분이 그렇게 믿는다면 그렇게 될 거예요.

지금, 여기에서 어떤 식으로 살아갈지를 신중히 생각할 수 있다면 미래를 창조하는 것도 가능합니다! 멋지게 말하면 '현재를 뛰어넘어 가라!'라는 말이지요.

여러분이 바라는 미래는 여러분의 현재보다 더 높은 곳에서 기다리고 있을 테니까요.

자, 여러분은 미래를 위해 지금 여기에서 무엇을 할 건가요?

제5장

자신이 세상에 도움이 되는 사람이라고 생각하기 위해서

37 자신을 좋아해 보자

아들러 심리학이 생각하는 행복해질 수 있는 3가지 조건은, ❶ 자신을 좋아하는 것 ❷ 주변 사람은 친구다·세상은 안심할 수 있다고 생각하는 것 ❸ 그래서 기꺼이 도움이 되자·도움이 되어서 기쁘다고 생각하는 것입니다.
이렇게 '누군가에게 도움이 되는 나를 좋아해.'라는 감각이 행복과 관계가 있다고 생각할 수 있습니다.

행복하기 위해서는 '용기'가 필요합니다. 용기는 '곤란을 극복하는 활력'으로, 눈앞의 과제에 도전하는 힘, 주변 사람과 협력할 수 있는 마음, 실패나 어느 정도의 희생을 받아들이는 마음이 필요합니다.
여러분이 잘 지내고 있다면 누군가의 도움이 될 수 있도록 행동하고, 만약 잘 지내지 못한다면, 다른 사람의 협력을 받으며 극복하는 것이 중요합니다.
용기를 가지는 것은 자신을 믿고 자신에게 용기를 주어, 자기 자신을 좋아하게 되는 것에서부터 시작합니다.

【공동체 감각 1】

아무리 공부를 잘해도, 나만 잘되면 된다는 생각은 모두에게 받아들여질 수 없습니다. 전체 중 한 사람으로서 생각하고 행동하는 것이 중요하며, 아들러 심리학에서는 이것을 '공동체 감각'이라고 말합니다. 행복에 대한 가장 중요한 감각으로 여겨지고 있습니다. 단, 이 공동체 감각을 키우기 위해서도, 자신을 좋아하는 것이 굉장히 중요합니다.

1 여러분이 자신을 좋아하는 부분(성격·외모·행동)을 찾아봅시다.

예) 언제나 밝게 행동하려고 노력하는 점. 얌전하고 책을 좋아하는 점.

- _____
- _____

2 자신이 성장해서 꼭 이렇게 될 거야, 이렇게 됐으면 좋겠다고 생각하는 미래상을 써 봅시다.

예) 주변 사람에게 기운을 줄 수 있는 사람이 되고 싶다. 도서관에서 일하는 것.

- _____
- _____

3 그렇게 되기 위해 할 수 있는 작은 일들을 생각해 봅시다.

예) 상대방보다 먼저 인사하기. 책 많이 읽기.

- _____
- _____

38 연결되어 있는 감각

친구가 되고 싶거나, 있을 곳을 원하는 것은 누구나가 느끼는 것이에요.
친구가 되고 싶다는 생각에 진짜로 싫어하는 것을 참을 필요는 없습니다. 그것은 자신을 소중히 하지 않는 것으로 이어집니다. 정말로 여러분이 필요한 친구는, 여러분이 싫어한다면 강요하지 않을 거예요.

아들러 선생님은 '공동체'의 범위는 무한하다고 생각했습니다.
끝없이 이어지는 사람과 사람의 관계 속에서, 사람은 각각의 역할이 있고 그 역할을 발견해 냅니다. 그리고 그 역할을 해낼 능력을 몸에 익히기 위해 공부하는 것이지요.
사회의 일원으로서 도움이 되도록 자신만의 역할을 해내는 것이 인생의 목적이라고 할 수 있겠네요.

【공동체 감각 2】

진짜 자신을 억누르고, 다른 사람을 위해 행동하는 것은 자기희생입니다. 아들러 심리학에서 말하는 공동체 감각은, 다른 사람의 기쁨이 그대로 자신의 기쁨이 되는 듯한 감각을 가지고 공헌하는 것으로, 행복을 느끼는 감각입니다. 다른 사람에게 도움이 되는, 있는 그대로의 자신을 떠올려 보세요. 마음속 깊은 곳이 따뜻해지는 것을 느낄 수 있을 거예요.

1 여러분이 있어야 할 곳은 어디인가요? 거기에는 누가 있나요? (가족·반·부 활동·학원 등)

- _____
- _____

2 그곳에서 누군가를 위해서 한 일, 해 봤지만 원래는 싫었던 일, 앞으로 해 보고 싶은 일 등을 자유롭게 이야기해 봅시다.

> 예] 학생회에서 서기를 했는데, 글자를 쓰는 게 느려서 힘들었다. 하지만, 노트에 쓴 내 글이 1년치 쌓인 것을 봤을 때, '이것이 내년에 사람들에게 도움이 되겠구나.'라는 생각이 들었다. 지금 생각하면 서기를 해서 좋았던 것 같다.

- _____
- _____

3 여러분도 자신이 지구의 일부라든가, 자연 속에 존재한다고 느낀 적이 있나요?

> 예] 월식일 때, 달에서 보는 나를 상상해 보니 내가 작은 점처럼 느껴졌다.

- _____

39 용기를 주는 존재가 되자

여자아이가 남자아이의 이야기를 듣고 있어요. 이전에 반대 입장이었던 적이 있었는데, 이야기를 들어 주는 것만으로도 기분이 좋아졌던 것이 생각났어요.
이야기하는 와중에 남자아이도 점점 기분이 좋아졌어요. '친구라서 다행이야.' 하고 두 사람 모두 생각한 것 같아요.

다른 사람이 알아주는 것은 굉장히 기쁜 일이에요. 용기를 받은 것 같은 느낌이 드니까요. 이번엔 여러분이, 누군가에게 용기를 주는 사람이 되어 보세요. 그렇게 어려운 일이 아닙니다.
보통 다른 사람의 이야기를 들을 때 '다음에 나는 무슨 말을 해야지.'라고 생각하기 쉽지만, 상대방에게 용기를 주고 싶다면 조언이나 의견은 필요 없습니다.
그 대신 이야기를 잘 듣고 상대방이 '어떤 기분으로' 지금 이 이야기를 하고 있는지를 이해하는 것이 중요합니다.

【공감하며 듣기】

경청하는 사람은 상대방의 감정을 말로 바꾸는 것을 잘합니다. 딱 들어맞는 말은 정말로 큰 용기가 되지요. 기분까지 알아주는 친구의 존재가 상대방에게 용기를 주는 것입니다. 여러분도 용기를 주는 사람이 되어 보세요. 그때는 감정을 나타내는 말을 능숙하게 쓰면 좋을 거예요.

리스트를 보면서 다양한 감정을 떠올려 봅시다.
그리고 친구에게 이야기해 봅시다.

■ 감정을 나타내는 단어 리스트

과거	현재						미래
그리워하다 용서하다	성취감	만족	축복	동경	이해	신뢰하다	안심 기대
	친근감	느긋함	차분	평정심	여유	특기	
	절정감	일체감	쾌감	호기심	감동	사랑	
	행복	충실감	중요감	열중하다	즐거움	흥미	
	기쁨	기쁘다	즐겁다	재밌다			
후회 원한	화	격노	공포	질투	부러움	의심	초조하다 걱정하다 불안
	슬픔	불쌍함	죄책감	실망	질리다	초조하다	
	혼란	놀람	혐오감	부끄럽다	실망	지루함	
	불쾌감	외롭다	망설이다	차별감	무시하다	당황하다	
	미움	분하다	싫증	안타깝다	막막하다	무관심	
	무시당하다	겁이 많다	고독	불만	우울	진득하지 못함	

제5장 자신이 세상에 도움이 되는 사람이라고 생각하기 위해서

40 용기를 얻은 경험

실수로 반 친구들과 다 같이 만든 제작물을 망가뜨리고 말았어요. 모두 열심히 만들었는데 어쩌죠. 분명 친구들이 화낼 거예요. 일부러 한 게 아닌데. 내일 발표 전까지 고치지 못하면 어쩌죠?

여러분이 실수했을 때 누군가가 용기를 준 경험이 있나요?
이 남자아이는 지금 어떤 기분일까요? 여러분이라면 무슨 말을 듣고 싶을까요? 여러분이 지금까지의 경험에서 '누군가 알아주었던 적', '안심한 적', '실수를 타박받지 않은 적', '좋아! 괜찮아'라는 기분이 든 적을 떠올려 보면 될 것 같아요.
결과에 대해 주어진 칭찬의 말이나 비판과 달리, 지금까지 해 온 남자아이의 노력에 주목하거나, 상대방에게 공감하려고 하는 대응이 용기를 줄 때 필요합니다.

【스스로 자신에게 용기를 북돋아 주기】

아들러 심리학의 기술 중 하나로, 가장 효과적이라고 잘 알려진 것이 용기 북돋아 주기입니다. 용기 북돋아 주기란 '곤란을 극복하는 활력을 주는 것'을 말합니다. 어떤 과제가 눈앞에 있을 때, 한 발 내딛는 에너지를 주는 것이지요. 다른 사람이 안심하거나 마음이 따뜻해지도록 행동하는 것도 용기 북돋아 주기라고 할 수 있어요.

1 왼쪽 페이지의 아이에게 뭐라고 말하면 용기를 북돋아 줄 수 있을까요?

예) 같이 고치자! 아직 시간 있어.

· _____

· _____

2 여러분은 어떤가요? 여러분이 기운을 차릴 수 있게 해 주는 것을 적어 봅시다.

예) 좋아하는 가수의 노래를 들으면 기운이 난다. / 좋아하는 초콜릿을 먹으면 기운이 난다.

(사람)
_____

(TV · 영화 · 만화 등)
_____

(책 · 노래 등)
_____

(그 외)
_____

41 감사하는 마음

'감사'란 누군가가 시켜서 하는 것이 아니에요. 여러분의 마음속에서 자연스럽게 생기는 것입니다. 사람은 무한의 관계 속에서 살아가므로 감사의 대상도 다양합니다.

감사의 마음을 다양한 대상에게 표현해 보세요.
부모님에 대한 감사 : 낳아 주셔서 감사합니다.
형에 대한 감사 : 남동생이 태어난 날, 함께 집에 있어 줘서 고마워.
동생에 대한 감사 : 방긋 웃어 줘서 고마워.
내 몸에 대한 감사 : 오늘도 건강해서 고마워.
내 마음에 대한 감사 : 오늘도 열심히 해 줘서 고마워.
친구에 대한 감사 : 이야기를 들어 줘서 고마워.
선생님에 대한 감사 : 가르쳐 주셔서 감사합니다.
지구에 대한 감사 : 공기와 물과 많은 자연을 지켜 줘서 고마워.

【있을 곳 만들기】

나는 모두에게 소중한 존재로 사랑받고 있어, 이러한 실감을 할 수 있다면 용기가 생겨날 거예요. 그것은 자신이 있을 곳이 있다는 사실을 실감하기 때문입니다. 그러니까, 주변의 모든 사람이 아니어도, 사소한 것이라도 괜찮아요. 감사할 수 있는 것을 찾아서 매일매일을 보내는 것도 자신의 행복을 위해 필요한 것입니다.

1 왼쪽 페이지를 보고, 느낀 것을 친구와 이야기해 봅시다.

2 누군가에게 감사할 것이 많이 있겠지만, 여러분도 누군가에게 도움이 되거나, 도움을 주었던 적이 있을 거예요. 누구에게, 어떤 것을 해 주었나요? 사소한 것도 괜찮아요. 써 봅시다.

예) 엄마의 짐을 들어 주었다. 남동생이 울었을 때 달래 주었다.

· _____

· _____

3 만약 누군가에게 감사하고 싶은 것이 있다면, 여기에 하고 싶은 말을 써 봅시다.

_____ 에게

_____ 에게

42 용기를 내자

쉬는 시간에 자기 자리에서 움직이지 않고 풀이 죽어 있는 친구가 있었어요. 얼마 전까지 함께 놀던 친구들에게 따돌림을 당하는 것 같아요. '따돌림'이라는 세 글자가 마음을 스쳐 지나가면서 더 커지지 않았으면 좋겠지만, 나와는 상관없는 것 같고……. '따돌림'이라고 말할 수 있을 정도로 심하지는 않은 것 같고. 관여하지 않는 게 좋지 않을까라는 생각이 들어요.

싸움에 휘말리면 자신도 따돌림당할지도 모른다는 생각에 보고도 못 본 척할까 형진이는 망설이고 있어요. 보고도 못 본 척하기 위해서 나랑은 상관없어라든가, 큰일은 아니라든가 자신의 생각을 정당화하고 있습니다. 이것은 용기 있는 행동이라고 할 수 없습니다.
따돌림은 주변 사람의 '무관심'도, 사태를 악화시키는 요인이 된다고 합니다. 모처럼 알아챘으니, 행동으로 옮겨 보세요. 그래요, 용기를 내요!

【용기가 필요해】

부탁받지 않은 일을 하는 것은 때로 용기가 필요합니다. 하지만 친구가 목소리를 내지는 못하고 '헬프(도와줘)' 사인을 보내고 있다는 생각이 든다면, 용기를 내서 여러분이 할 수 있는 일을 해 보세요. 반 친구로서, 여러분도 한 명의 인간으로서, 신념대로 행동하는 건 굉장히 고귀한 일이에요!

1 만약 누군가가 따돌림을 당하거나, 무시당하는 외톨이라는 것을 알게 되면 어떻게 해야 할까요?

_____

2 용기를 내서 말을 걸 수 있을까요?

네 · 아니오

3 어떤 말을 걸어 볼까요? (반대 입장이라면, 어떤 말을 들으면 안심이 될까요?)

_____

_____

4 쓴 것에 대해 친구와 이야기해 봅시다.

43 자신을 신뢰하자

친구의 방식이 답답해서 그만 "이렇게 하는 게 더 나은데."라고 말하자, 친구는 "시끄러워."라며 불같이 화를 냈어요.
잘됐으면 좋겠다는 생각에 말한 것뿐인데, 어째서 상대방은 이렇게 화가 난 걸까요?

두 사람은 저학년 때부터 쭉 사이가 좋았어요. 친구가 일일이 이것저것 다 참견해서, 자신을 소중히 하지 않는다든가 신뢰받지 못한다고 느낀 것 같습니다. 친구라고 생각했던 상대가 신뢰할 수 없다는 듯한 태도를 보이니 참지 못하고 폭발하고 만 것이죠.
신뢰가 없는 관계에 화가 나서, 친구 사이를 멀어지게 하기 위한 목적으로 화라는 감정을 쓰고 말았습니다.

【자기 신뢰란?】

특기나 다른 사람보다 뛰어난 것이 없더라도, 자신을 신뢰하는 것은 가능합니다. 자신을 신뢰하는 것은 그저 자신의 마음과 미래를 '좋은 것이다, 밝고 크게 펼쳐지는 것이다.'라고 믿기만 하면 됩니다. 즉, 자신을 대하는 생각의 문제인 것이지요. 자신을 신뢰하고, 친구도 똑같이 신뢰할 수 있다면 인간관계도 바뀔 거예요.

1 어떤 나라면 신뢰할 수 있을지 생각해 봅시다.

예) 모두에게 폐를 끼치지 않도록 신경 쓰는 나.

· _____

· _____

2 밝고 크게 펼쳐질 여러분의 미래를 상상해서 써 봅시다!

그림으로 그려도, 글로 표현해도 좋아요.

44 상호 존경과 상호 신뢰

친구가 오늘도 청소를 안 하고 게으름 피웠어요. 항상 하기 싫으면 청소 시간이 끝날 때까지 놀기만 해요. 주의를 주면, "오늘은 배가 아프니까 청소 못 해. 내일 할 거야."라고 말해요. 친구의 좋은 부분도 분명히 알고 있으니까 믿어 보기로 했어요.

친구를 믿는 것은 그 친구의 인품이나 지금까지의 행동이 가장 중요한 이유라고 생각하기 쉽지만, 믿는 이유를 상대방의 인품이나 행동으로 돌리는 것은 일방적인 확신일지도 모릅니다.
정말로 필요한 것은, 여러분이 그 친구를 믿고 있는지, 자신의 판단에 책임을 질 수 있는지, 즉, 자신을 믿을 수 있는가라는 것임을 알아야 합니다.

['사람을 믿는 자신'을 믿기]

아들러 심리학의 [상호 존경·상호 신뢰]에서 가장 중요한 포인트는 상대방을 존경하고 신뢰하는 것과 함께, 자기 자신을 존경·신뢰하는 것입니다. 존경·신뢰의 관계를 만들려고 한다면, 우선 자신을 소중히 하고, 자신감이 있어야 합니다.

1 여러분이 실패했거나, 잘되지 않았을 때, 부모님이나 선생님, 친구가 여러분을 신뢰하고 지켜봐 주었던 경험이 있나요?

예) 교실 게시물에 부딪쳐서 다쳤을 때, 화내지 않고 "괜찮아."라고 말해 주었다.

- _____
- _____

2 존경·신뢰의 태도로 사람들과 접했을 때 겪었던 어려움이나 순조로웠던 경험 등이 있다면 친구와 이야기해 봅시다.

예) 아무리 주의를 줘도 하지 않는 사람을 신뢰하는 것은 어렵다. 항상 집에서 집안일을 게을리하는 언니였는데, 화내지 않고 있었더니 조금씩 하게 되었다.

- _____
- _____

45 자신을 굳게 믿자!

중요한 발표회 전에는 누구나 긴장합니다. 대사는 다 외웠고, 동선도 다 외웠어요. 반 친구들과 다 함께 열심히 준비했어요. 연습대로 할 수 있을까요?
만약 실패한다면, 모두에게 폐를 끼칠 텐데, 어쩌죠. 너무 두근거려서 기분이 나빠졌어요.

시험 전이나 시합 직전에 긴장하는 경우가 자주 있지요. 실전에서 그 성과를 100% 발휘하기 위해서는 '낙관주의'가 도움이 됩니다. '만약 실패한다면……' 이라고 생각하는 것을 '비관주의'라고 하고, '분명 잘 될 거야'라고 생각하는 것을 '낙관주의'라고 합니다.
지금까지의 노력을 소중히 생각하면 힘이 날 거예요. 있는 힘껏 노력해 왔으니까 지금이 최고! 만약 실패한다 해도, '이게 전부가 아니야, 기회는 또 올 거야.' 하고 각오하고 자신에게 용기를 북돋아 주세요!

【'괜찮아!'라고 자신에게 말하자.】

낙관주의로 살면, 여러 곤란을 맞닥뜨렸을 때도 심각해지지 않고, 냉정하고 용감하게 맞설 수 있습니다. 곤란이나 실패는 극복할 수 있다고 믿는 것이지요. 이것은 '주의'니까 능력이나 근거는 필요 없어요. 지금 바로 자신에게 무슨 일이 있어도 '괜찮아!'라고 해 주면 됩니다.

1 무언가 승부를 내야 할 때, 너무 긴장하지 않도록 어떻게 할 수 있을까요?

예) 주먹을 꼭 쥐고 가슴을 가볍게 치면서 '괜찮아!'라고 자신에게 말해 주기. 화장실에 가서 긴장 풀기

· _____

· _____

2 친구의 이야기도 들어 보세요. 선생님이나 가족에게도 물어보면 좋을 거예요!

3 낙관주의란 어떤 장면에서 필요하다고 생각하나요?

_____

_____

_____

가나다순 리프레이밍 사전

	단점	'리프레이밍' 하면
가	감정 기복이 심하다	감수성이 풍부하다·정열적
	거절하지 못한다	상대방의 입장을 존중한다·상냥하다
	건방지다	자립심이 있다
	겉으로 상냥하다	커뮤니케이션 능력이 있다·사교적
	과격하다	감수성이 풍부하다·정열적
	귀찮아한다	너그럽다·사소한 일에 까다롭지 않다
	기가 세다	모든 일에 정열적·약한 소리를 하지 않는다
	깊게 생각하지 않는다	행동파·직감이 발달했다
	까다롭다	자신의 생각을 소중히 한다·향상심이 있다
	까불거린다	분위기를 밝게 한다·텐션이 좋다
	깐깐하다	분명히 한다
	끈질기다	끈기 있다·한결같다·도전 의식이 있다
나	난폭	씩씩하다
	눈에 띄고 싶어 한다	자기 표현이 활발하다
	눈에 띄지 않는다	화합을 중요시한다·조심스럽다
	느긋하다	사소한 일에 까다롭지 않다·마이 페이스
다	다른 사람에게 맞춘다	협조성이 풍부하다
	덤벙댄다	행동적·재빠르게 행동할 수 있다
	딱딱하다	정직하다·성실하다
	떠든다	밝다·활발하다·기운이 넘친다
라	루즈하다	까다롭지 않다·너그럽다
마	마음이 약하다	자신보다 주변을 소중히 한다
	말수가 없다	온화함·경청한다
	말을 쏘아붙인다	솔직하게 전할 수 있다
	말을 잘 못한다	말을 고르는 데 신중히 한다
	멍하니 있다	사소한 일에 까다롭지 않다·마이 페이스
	명령하는 경향이 있다	리더십이 있다
	무리를 한다	기대에 부응하려고 한다·협조성이 있다
	무리하게 행한다	모두를 이끄는 힘이 있다
	무모하다	미련이 없다·행동적
바	반항적	자립심이 있다·자신의 생각을 확실히 한다
	부러워한다	다른 사람의 좋은 점을 솔직하게 인정한다
	뻔뻔하다	행동력이 있다·당당하다
사	사람을 사귀는 게 서툴다	자신만의 세계를 갖고 있다·세심한 마음을 가졌다
	사리 분별이 미숙하다	사물에 집중할 수 있다
	성급하다	반응이 빠르다
	성미가 급하다	감수성이 풍부하다·정열적
	소극적	조심스럽다·주변 사람을 소중히 한다
	속기 쉽다	솔직·순수·사람을 잘 믿는다

	단점	'리프레이밍' 하면
사	수다쟁이	다른 사람과의 대화를 즐긴다
	수수하다	소박하다·조심스럽다
	승부욕이 강하다	향상심이 있다·노력파
	시끄럽다	밝다·활발하다·기운 넘친다
	싫증을 잘 낸다	호기심 왕성·전환이 빠르다
아	아첨한다	사교성이 좋다
	얌전하다	온화하다·이야기를 잘 들어 준다
	어둡다	자신의 마음속 세계를 소중히 한다
	어리광을 피운다	사람들이 귀여워한다·사람을 믿을 수 있다
	엄격하다	타협하지 않고 목표를 추구한다
	우유부단	곰곰이 생각한다
	울보	인정이 많다·감수성이 풍부하다
	으스댄다	자신감이 있다
	음침하다	자신의 마음속 세계를 소중히 한다·침착함
	의견을 말하지 못한다	사람을 존중한다·조심스럽다
	인색하다	계획적으로 돈을 쓴다
	입이 가볍다	기분을 술술 말로 전할 수 있다
	입이 거칠다	분명히 한다
자	자만하다	자기주장을 할 수 있다·자신을 사랑한다
	자신이 없다	협조성이 있다
	자존심이 강하다	스스로에게 자신이 있다
	자주 욱한다	감수성이 풍부하다·정열적
	장난친다	주변을 즐겁게 한다
	재미없다	성실하다
	적당히	까다롭지 않다·너그럽다
	점잖다	마이 페이스·주위를 온화하게 한다
	제멋대로	자신의 의견이 있다·자기주장을 할 수 있다
	주변을 신경 쓴다	배려를 할 수 있다
	진지하다	성실하고 뭐든 열심히 한다·의지가 된다
	집요하다	끈기 있다
차	차갑다	냉정·객관적
	참견한다	돌보기를 좋아한다
	책임감이 없다	천진난만하다·자유롭다
	칠칠치 못하다	까다롭지 않다·너그럽다
타	태평하다	사소한 일에 까다롭지 않다·마이 페이스
	특이하다	특별하다·개성적
하	혼자 있는 걸 좋아한다	자립심이 있다·독립심이 있다
	화를 잘 낸다	감수성이 풍부하다·정열적
	흥분하기 쉽다	정열적

참고 서적

『인간관계가 편해지는 아들러의 가르침』 이와이 토시노리, 다이와쇼보, 2014

『감정을 조절하는 아들러의 가르침』 이와이 토시노리, 다이와쇼보, 2016

『인생이 크게 변하는 아들러 심리학 입문』 이와이 토시노리, 칸키출판, 2014

『7일 만에 몸에 익히는! 아들러 심리학 워크북』 이와이 토시노리, 타카라지마샤, 2014

『아들러식 순식간에 마음을 여는 듣기』 이와이 토시노리, 칸키출판, 2016

『용기를 북돋는 심리학 증보·개정판』 이와이 토시노리, 카네코쇼보, 2011

『아들러 심리학에 따른 카운슬링 마인드 육아법』 이와이 토시노리, 코스모라이브러리, 2000

『아들러식 사람을 Happy하게 하는 말하기』 이와이 토시노리, 미카사쇼보, 2015

『자신에게 용기를 북돋는 아들러 심리학의 7가지 지혜』 이와이 토시노리, 베스트셀러즈, 2016

『그림 해설 자신의 기분을 제대로 '전하는' 기술』 히라키 노리코, PHP연구소, 2007

『자기 카운슬링과 자기 표현 배우기』 히라키 노리코, 카네코쇼보, 2000

『용기 교실을 만들자! 아들러 심리학 입문』 사토 타케시, 메이지도서출판, 2016

『사랑과 용기의 부모 자식 관계 세미나(SMILE)』 텍스트 (휴먼길드)

『ELM 용기 북돋아 주기 프로그램』 텍스트 (휴먼길드)

『아이의 사회 훈련 프로그램 APPLE』 텍스트 (휴먼길드)

마치며

'아들러 심리학이 몸에 익은 수준'에 도달하기 위해 '시작하며'에서 예고한, '아들러 심리학을 이해한다 → 아들러 심리학으로 할 수 있다 → 아들러 심리학이 익숙해진다'의 사이클에 가까워지셨나요?

아마 이 책을 읽는 것만으로는 '아들러 심리학을 이해하는 수준'에는 도달해도 '아들러 심리학으로 할 수 있는 수준'까지는 충분히 도달하지 못했으리라 생각합니다. 여기서 세 가지 제안을 하겠습니다.

❶ '도전'을 철저하게 해내는 것
❷ 이 책을 몇 번이고, 몇 번이고 반복해서 읽는 것
❸ 책 마지막에 쓰인 '참고 서적'을 참고하는 것

이 책을 슬쩍 한 번만 읽는 것은 아까운 일입니다. 어쨌든 '도전'을 실천해 보는 것이 중요합니다. 자신뿐만 아니라, 어린이들, 친구들에게 사용해 보길 권해 드립니다. '도전'에서 납득이 가지 않는다면, 이 책을 여러 번 읽어 보고, 그래도 이해가 되지 않는 것이 있다면 '참고 서적'을 참고해 주세요.

만약 그래도 납득이 가지 않는 점이 있다면, 꼭 저희 단체인 휴먼길드에 문의해 주세요. 저는 마음속부터 아들러 심리학을 몸에 익혀, 아들러 심리학을 따르는 삶을 추천하는 사람입니다. 성심성의껏 답변하겠습니다.

이 기획은 '어린이를 위한 아들러 심리학 책을 내고 싶다.'는 생각에서 시작하였습니다. 비즈니스맨뿐만 아니라 부모님이나 강사에게도 아들러 심리학을 가르치고 있는 저는, 어린이나 어린이와 관련된 어른에게 아들러 심리학의 사고법을 가르치는 중요성을 다시 한번 느끼고 이 기획에 전면적으로 동참하게 되었습니다.

그리고 이 책의 주제에 적임자인 기쿠치 노리코 씨와 이케다 아키코 씨에게 집필을 부탁하기로 결정하였습니다.

우선 저에게 제안을 해 주신 합동출판 편집부의 사이토 씨에게 감사의 말씀을 드립니다. 그리고 아들러 심리학의 컨텐츠를, 어린이를 위해 알기 쉽게 정리해 주신 기쿠치 노리코 씨와

이케다 아키코 씨에게 감사드립니다.

이 두 분도 제가 대표로 있는 휴먼길드에서 20년 가까이 아들러 심리학을 공부하고, 카운슬러로서도 강사로서도 아들러 심리학의 보급을 위해 힘써 주고 계십니다. 아들러 심리학의 이론뿐 아니라 실천적인 부분에서도 조예가 깊은 이 두 분의 존재가 없었다면 제가 만족할 수 있는 이런 책이 나오지 않았을 겁니다.

그리고 이 책을 이 '마치며'까지 확실히 읽어 주신 여러분에게 무엇보다도 감사의 마음을 전합니다. 여러분 같은 독자를 통해, 아들러 심리학만의 최대 강점인, 이 책에 담긴 어린이들의 관계와 유대의 감각을 키우는 '공동체 감각'과, 어린이들의 자존감을 키우는 '용기 북돋아 주기'가 널리 퍼지길 바랍니다.

2018년 6월
감수자 이와이 토시노리 (휴먼길드 대표 이사)

감수 이와이 토시노리

유한 회사 휴먼길드 대표 이사. 상급 교육 카운슬러. 아들러 심리학 카운슬링 지도자. 저서로는 『만화로 알기 쉽게 배우는 아들러 심리학』 2014(일본능률협회 매니지먼트센터), 『인생이 크게 변하는 아들러 심리학 입문』 2014(간키출판), 『부모와 아이의 아들러 심리학』 2015(기노북스), 『감정을 조절하는 아들러의 가르침』 2016(다이와쇼보), 『일하는 사람을 위한 아들러 심리학』 2016(아사히문고), 『남자와 여자의 아들러 심리학』 2017(세이슌출판사) 등이 있다.

저자 기쿠치 노리코

아들러 카운슬러. 사랑과 용기의 부모 자식 관계 세미나(SMILE) 리더. ELM 용기 북돋아 주기 트레이너(휴먼길드). 학교 법인 산코학원 스쿨 카운슬러. 치무라 클리닉 카운슬러. 인정 심리사(일본심리학회). 초급 교육 카운슬러(NPO 일본교육카운슬러협회). 분담 집필로 『아들러 임상 심리학 입문 카운슬링 편』 2017(아르테)가 있다.

저자 이케다 아키코

아들러 카운슬러. 사랑과 용기의 부모 자식 관계 세미나(SMILE) 리더. ELM 용기 북돋아 주기 트레이너(휴먼길드). 여자와 남자의 아들러 심리학 REALIZE 개발자(휴먼길드). 몬테소리교육 인정 강사. 키타자와 주산교실 이사. 러닝센터 신우라야스 대표. 전공은 어린이의 학습 의욕을 끌어내어, 기초 학력을 몸에 익히게 하는 것과 어린이를 키우는 부모의 멘탈 서포트.

역자 안수지

어릴 적부터 일본 문화에 관심이 많아 중학생 때 일본어 공부를 시작했다. 동국대학교에서 부전공으로 일어일문학을 이수하였고, 저작권 에이전시와 출판사를 거쳐 현재 프리랜서 번역가로 활동하고 있다. 번역서로는 『농담곰의 여유만만 간단 영어회화』 등이 있다.

ILLUSTBAN KODOMONOADLERSHINRIGAKU YUKI TO JISHINGATSUKU 45 NO SKILL
by Noriko Kikuchi, Akiko Ikeda
Supervised by Toshinori Iwai
Copyright © Toshinori Iwai, 2018
All rights reserved.
Original Japanese edition published by GODO-SHUPPAN Co., Ltd.
Korean translation copyright © 2019 by LUDENS MEDIA Publishing Co., Ltd.
This Korean edition published by arrangement with GODO-SHUPPAN Co., Ltd., Tokyo,
through HonnoKizuna, Inc., Tokyo, and Shinwon Agency Co.

이 책의 한국어판 저작권은 Shinwon Agency 를 통해
GODO-SHUPPAN Co., Ltd. 와 독점 계약한 루덴스미디어㈜에 있습니다.
저작권법에 의하여 한국 내에서 보호를 받는 저작물이므로 무단 전재 및 복제를 금합니다.

루덴스미디어

똑똑하게 레벨 업 시리즈 ❹
자존감 높이기

감수 이와이 토시노리
집필 기쿠치 노리코·이케다 아키코
역자 안수지
찍은날 2019년 8월 7일 초판 1쇄
펴낸날 2025년 2월 25일 초판 6쇄
펴낸이 홍재철
편집 정연주
디자인 박성영
마케팅 황기철·안소영
펴낸곳 루덴스미디어(주)
주소 경기도 고양시 일산동구 무궁화로 43-55, 604호(장항동, 성우사카르타워)
홈페이지 http://www.ludensmedia.co.kr
전화 031)912-4292 | **팩스** 031)912-4294
등록 번호 제 396-3210000251002008000001호
등록 일자 2008년 1월 2일

ISBN 979-11-88406-71-5 74180
ISBN 979-11-88406-33-3(세트)

결함이 있는 책은 구입하신 곳에서 바꾸어 드립니다.
값은 뒤표지에 있습니다.

이 도서의 국립중앙도서관 출판시도서목록(CIP)은 e-CIP홈페이지
(http://www.nl.go.kr/ecip)에서 이용하실 수 있습니다. (CIP제어번호 : CIP2019030486)